세상이 보이는 한자

삶을 보는 글자 이야기

일러두기
이 책은 《한자본색》(장인용 지음, 뿌리와이파리, 2018)을 원저로 하여 어린이 책으로 다시 썼습니다.

삶을 본뜬 글자 이야기

세상이 보이는 한자

◆ 장인용 글
◆ 오승민 그림

책과함께 어린이

◆ 들어가며

옛 한자를 배우면 무엇이 좋을까

한자는 '글자의 화석'이라 할 만큼 옛 모습이 많이 남아 있는 글자야. 처음 문명이 탄생하던 시기부터 시대가 변하며 바뀐 생각들이 글자에도 담겨 왔기 때문이지. 그래서 한자를 보면 옛사람들이 어떤 생각을 했는지 알 수 있어.

우리말에도 한자로 된 단어가 상당히 많아. 한글을 본격적으로 사용하기 이전에는 중국에서 만든 한자를 사용했기 때문이지. 우리뿐만 아니라 중국 주변 나라들은 한자를 받아들였어. 거란이나 여진처럼 본디 자신의 글자가 있지만 한자 문화에 흡수된 경우도 있고, 일본과 베트남 그리고 우리나라처럼 한자를 받아들여 모국어에 맞춰 사용한 경우도 있어. 그래서 한자의 속뜻을 알면 우리말이 더 재미있어지기도 하지.

한자를 흔히 모양을 본뜬 글자라고 해. 눈에 보이는 물건을 보고 단순하게 표현해 글자로 만들었다는 이야기야. 그렇다면 모양을 눈으로 확인할 수 없는 건 어떻게 그렸을까. 가령 '위'를 뜻하는 글자는 긴 막대기 위에 짧은 막대기를 그어 표시했고(上), '아래'는 긴 막대기 아래 짧은 막대기를 그어 표현했어(下). 지금은 글자를 보고 의미를 쉽게 해석할 수 있지만 당시엔 이렇게 표현하기까지 많은 과정을 거쳤을 거야.

각 글자마다 언제부터 사용했는지 정확한 연도까진 알 수 없지만 아주 오랜 옛날에는 어떤 모습이었는지 알 수 있는 자료는 남아 있어. 그중 거북 등껍질이나 소뼈에 새긴 갑골문(甲骨文)은 확인된 옛 한자 가운데 가장 오래된 글자야. '갑'은 거북 등껍질, '골'은 뼈를 뜻하는 말이지. 고대 중국에서는 제사를 지낼 때 조상의 뜻을 듣기 위해 점을 쳤어. 거북 등껍질이나 소의 뼈에 구멍을 뚫은 뒤 불에 태워 구멍 주위에 갈라진 모습을 보며 조상의 뜻을 읽었지. 이때 점친 내용을 기록한 글자라고 해서 갑골문이라고 불렀어.

갑골문 다음으로 금문(金文)도 있었어. '금'은 쇠를 뜻하는 말이니 '갑골'과 마찬가지로 글씨를 새겨 넣는 재료를 가리키네. 금문은 쇠그릇에 새겼는데 이것 역시 제사에 쓰이는 그릇이었어. 제사를 지내는 사람에게는 나라를 다스리는 권한이 있었기 때문에 제사용 그릇도 당시에는 매우 귀한 쇠로 만들었고, 그 그릇에는 제사에 관한 여러 내력을 적어 내려갔지.

이후 춘추 시대에는 금문에 형식적인 요소를 더한 글자를 만드는데, 이를 대전(大篆) 또는 금문대전(金文大篆)이라 불러. 진(秦)나라가 통일한 뒤로는 소전(小篆)이라는 글자체로 통일했어. 지역마다 모양이 달라서 불편했기 때문이야. 그 뒤로도 글자 모양은 점차 변해 시간이 흘러 오늘날 사용하는 글자 모양으로 자리 잡았어.

이런 걸 알 수 있는 이유는, 한자는 옛 글자부터 요즘 쓰는 글자까지 전해 온 역사가 분명하기 때문이야. 모양을 본떠 만들다 보니 옛사람들의 생활과 생각이 담겨 있는 것도 당연하고 말이야. 더불어 역사도 알 수 있지. 그러니 한자에 숨어 있는 이야기와 역사를 알면 한자가 새롭게 보이고 재미를 느낄 수 있을 거야.

◆ 차례

옛 글자를 배우면 무엇이 좋을까 4

1부 – 세상의 시작이 담긴 한자

1장 세상을 둘러싼 하늘과 땅 10
1) 해를 삶의 기준으로 삼다
2) 달과 별을 관찰하다
3) 흙과 돌이 쌓여 땅을 이루다

2장 인류의 정착 28
1) 가축을 기르다
2) 농사를 짓다
3) 불을 일으키다

3장 물과 함께한 문명 46
1) 물이 흘러 강이 되고 바다가 되다
2) 생활 속에서 물을 찾다

4장 가족이 모여 더 큰 사회로 64
1) 가족을 이루다
2) 울타리를 치고 집을 짓다
3) 화폐가 생겨나다

5장 국가의 탄생 86
1) 마을이 성장하고 도시 국가가 탄생하다
2) 전쟁이 벌어지고 무기가 발달하다

2부 – 몸속 세상이 담긴 한자

1장 얼굴 가만 들여다보기 104
1) 눈과 코로 세상을 알다
2) 입으로 말하고 귀로 듣다

2장 손과 발로 행동하기 120
1) 손으로 세상을 일구다
2) 발로 세상을 넓히다

3장 몸과 마음 살펴보기 132
1) 뼈와 살로 몸이 더욱 단단해지다
2) 마음을 들여다보다

글자의 화석에서 건져 올린 역사 148
찾아보기 150

1부 세상의 시작이 담긴 한자

1장. 세상을 둘러싼 하늘과 땅

우리가 사는 곳을 뭐라고 할까? 맞아, 세상이라고 하지. 그러면 세상은 무엇으로 이루어져 있지? 옛사람들은 세상이 하늘과 땅으로 이루어져 있다고 생각했어. 그렇지만 한자가 만들어질 당시에는 하늘이나 땅의 끝에 무엇이 있는지 어떻게 생겼는지 아는 사람은 없었어. 하늘과 땅은 어떤 모습일까 머릿속으로 상상만 해야 했지.

한자를 만든 사람들은 하늘이 둥글다고 생각했어. 아마도 하늘은 아주 넓어서 산꼭대기에 올라가도 한눈에 보기 어렵고 사방을 빙 둘러봐야 했기 때문일 거야. 그래서 옛사람들은 하늘에 제사를 지내는 곳을 모두 둥글게 만들었어. 중국 베이징에 있는 '천단'이나 우리나라의 '환구단'은 왕이 하늘에 제사를 지내던 장소였기 때문에 모두 둥근 건물이야.

땅은 네모라고 생각했어. '동서남북(東西南北)'이라는 말로 방향을 나타낸 걸로 보아 땅은 네 귀퉁이가 있는 사각형 모양이라고 생각했던 것 같아. 그래서 옛사람들은 땅에 있는 신에게 제사 지내는 공간을 사각형으로 만들었어. 그래서 사직단도 네모난 모양이지. '사직'은 땅과 곡식을 뜻해. 즉, 땅에서 곡식이 잘 자라길 기원하며 제사를 지내는 곳이라는 뜻이야. 이렇듯 옛사람들에게 하늘과 땅은 세상을 이루는 중심이었어.

그래서일까. '하늘 천(天)'과 '땅 지(地)'는 《천자문》에서 가장 먼저 배우는 글자야. 여기서 두 한자의 옛 글자를 안 볼 수 없네. 먼저 '하늘 천(天)'의 갑골문을 봐. 얼핏 보면 사람 같지만 이건 사람 위에 둥근 하늘을 표현한 글자야. 그것도 보통 사람이 아니고 높은 사람이야. '사람 인(人)'은 보통 사람, '클 대(大)'는 높은 사람을 나타내거든. 여기서 높은 사람은 하늘에 사는 신의 후손을 뜻했어. 큰 사람 위에 있던 둥근 하늘은 차츰 선으로 변해서 지금의 글자가 되었지.

하늘 천
갑골문

'땅 지(地)'의 옛 글자 모양은 '하늘 천(天)'보다 좀 더 복잡해 보이지? 하늘과 달리 땅은 표현하기 쉽지 않았어. 땅은 산, 평지, 강 등 모습이 다양했거든. 단순하게 네모난 땅을 밟고 서 있는 사람으로 표현하면 된다고? 그럴싸한 생각이지만 땅에는 높은 사람만 사는 게 아니라 그렇게 표현하지는 않았을 거야. 신분이 낮은 사람도, 온갖 동물과 벌레도 땅에 의지해서 사니까.

땅 지
금문

'땅 지(地)'는 본래 죽은 사람을 벼랑에서 떨어뜨리는 모습을 그린 거야. 아주 오래전에는 죽은 사람을 땅으로 돌아가게 해야 한다고 생각해서 이런 장례를 치르기도 했대. 이 풍습이 사라지면서는 땅속에 집을 짓고 사는 뱀과 같은 동물을 떠올리며 에둘러 땅을 표현했어. 이렇게 한자 한 글자에도 옛사람들의 생각이나 풍습이 담겨 있어. 이제부터는 하늘과 땅에 있는 것들을 한자로 어떻게 표현했는지 살펴보자.

1) 해를 삶의 기준으로 삼다

낮 동안 하늘의 주인은 해라고 할 수 있어. 모든 생명이 살아가는 데에는 태양이 꼭 필요해. 식물은 햇빛으로 영양분을 만들고 동물은 식물을 먹고 에너지를 얻어. 그러니 동물은 해가 꼭 필요한 존재라는 걸 누가 가르쳐 주지 않아도 알고 있어. 따뜻한 햇볕이 있어야 식량도 구하고 체온을 유지하고 에너지도 얻을 수 있다는 걸 알고 있지. 사람도 마찬가지로 햇볕이 있어야 포근하게 지낼 수 있다는 걸 본능적으로 알고 있었고.

해는 동식물에게 에너지만 주는 존재가 아니라 우리 생활과 감정을 움직이는 중심 같은 역할을 해. 해가 뜨는 아침은 무언가 설레고, 해가 지는 저녁은 무언가 쓸쓸하고, 새해 첫날 해가 뜨는 걸 보면 새로운 희망이 솟아나는 것 같지 않아?

그래서 예부터 사람들은 태양을 숭배했어. 신화에도 해 이야기는 빠지지 않지. 그건 농사와도 관계가 있어. 해가 없으면 곡식은 자라지 못하니까 해를 살피는 일이 무엇보다 중요해졌어. 더불어 계절마다 변화하는 날씨도 정확하게 알아야 했어. 오랜 세월 관찰을 거듭해 보니, 날씨와 계절의 변화에 따라 1년을 24절기로 나눌 수 있다는 걸 발견했어. 달력을 자세히 보면, 우수, 경칩 등 계절의 길목마다 절기를 나타내는 단어를 볼 수 있을 거야.

옛사람들은 해를 통해 시간도 알 수 있었지. 맑은 날이면 해의 위치를 보고 시간을 가늠했어. 이 정도면 왜 해를 삶의 기준이라고 했는지 알겠지?

日 해 일

해 일
금문

너희는 해를 어떻게 그리니? 해를 그려 보라고 하면 보통은 둥글게 그리지. 한자 또한 그림으로 표현한 글자여서 해를 둥글게 그렸어. 그런데 동그라미 안에 점이 보이네? 점은 왜 찍었을까? 혹시 태양 속 흑점을 표현한 건 아니냐고? 그건 그냥 동그라미와 구분하기 위해서였어. 그러다 둥근 형태를 글자로 쓰기엔 다른 네모난 글자들과 잘 어울리지 않아서 네모나게 바꾸어 쓴 거야.

旦 아침 단

위 한자를 자세히 보자. '해 일(日)' 아래 선이 하나 있네. 그 선이 지평선이나 수평선을 뜻하는 걸 이미 눈치챈 친구도 있다고? 맞아, 이 한자는 해가 뜨는 모양을 본뜬 거야. 한자를 만든 사람들은 중국 내륙에 살고 있었기 때문에 해는 땅에서 뜨는 거라고 생각했어. 그래서 해 아래 땅을 그려 놓은 거야. 해가 뜨는 시점은 언제일까? 바로 아침이지. 이 글자의 뜻이 '아침'이 된 이유야. 혹시 해가 바뀔 때 어른들이 '원단(元旦)'이란 말을 쓰는 걸 들어 본 적 있니? 이 말은 새해에 처음 뜨는 해를 가리키는 말이란다.

早 이를 조

이를 조
금문대전

이 글자에는 '해 일(日)' 아래 '열 십(十)' 자가 있네. 해가 열 개라는 걸까? 해가 열 개나 되다니 그럴 리가 있겠어? 여기서 '열 십(十)' 자는 풀을 뜻하는 거야. 그러니까 이 글자는 풀 위에 뜨는 해를 뜻하지. 풀은 식물 가운데 가장 키가 작잖아. 해가 가장 낮은 곳에서 막 떠오르기 시작하는 모습, 바로 '이른 아침'이야. 그런데 옛 글자는 모양이 조금 다르지. 아침 햇빛이 풀을 감싸는 모습으로 그리고 싶었나 봐. 그러다 조금 더 단순하게 다듬어지다 보니 지금 모양으로 굳어진 거야. 복잡한 것보다 단순한 글자가 쓰기 편할 테니까.

昌 창성할 창

해가 둘이 있으면 무슨 일이 벌어질까? 더운 여름이라면 뜨거워서 죽겠다고 할 것이고, 추운 겨울이면 따뜻해 반가울지도 모르겠어. 중국 신화에 이런 이야기도 있어. 아주 옛날 하늘에 해가 여럿 있던 때가 있었는데 너무 더워서 살 수 없었대. 그래서 화살로 쏘아 해를 떨어뜨렸다는 이야기야. 한자를 만든 사람들은 해가 비춰

야 작물이 잘 자란다는 걸 알았기 때문에 해를 둘이나 그려서 더욱 왕성한 기운을 나타냈어. '창성하다'는 '왕성한 기운이 뻗어 나가는 모양'을 이르는 말이야. '창(昌)'에서 위에 있는 '해 일(日)'은 길쭉하고 아래 것은 넓적한 모양이야. 그래서 아래 것은 '말하다'라는 뜻인 '가로 왈(曰)'과 헷갈리기 쉽지만 똑같이 '해 일(日)'이라는 걸 기억해 둬.

昏 어두울 혼

해가 질 무렵에는 서쪽 하늘이 빨갛게 물들었다가 어느새 해가 사라져. 해가 수평선이나 지평선 가까이 있다가 갑자기 없어지는 것을 한자로는 어떻게 표현했을까? 한자에서는 마치 잘 익은 과일이 똑 떨어지는 것처럼 표현했어. '어두울 혼(昏)'의 윗부분에 있는 '씨(氏)'는 나뭇가지 끝에 달린 해가 똑 떨어지는 모습을 묘사한 글자야. 그러니 '혼(昏)'은 해가 지평선 아래로 떨어지는 걸 뜻하지. 해가 지면 어두워지고 곧 깜깜한 밤이 되잖아. 그래서 어둡다는 뜻이 되었어. 여기서 시작된 글자를 하나만 더 알려 줄게. '결혼(結婚)'에서 '혼인 혼(婚)'은 '어두울 혼(昏)' 앞에 '여자 여(女)'가 붙어 있는데, 옛날에는 결혼식을 해가 진 뒤에 신부의 집에서 하는 풍습이 있었기 때문이란다.

是 옳을 시

한자에는 손과 발을 표현한 글자가 아주 많아. 사람이 하는 일 대부분은 손과 발을 써서 실행하기 때문이야. 발로 걷거나 뛰어서 이동할 수 있고, 손으로 무언가를 만들거나 기구를 다루지. '옳을 시(是)'는 해가 떠 있을 때 사람이 손과 발로 무언가를 하는 걸 나타내는 글자야. 아마도 옛날에는 중요한 생산 활동이 농사였으니 논밭에 나가서 일하는 걸 말했겠지. 농사가 가장 중요하던 시절에는 해가 떠 있는 낮이면 밭에 나가 일을 하는 것이 당연히 '옳은 일'이었어. 그래서 나중에는 이 글자가 '옳다'는 뜻으로 변했단다.

晝 낮 주

낮 주
갑골문

갑골문에서 해 위에 있는 글자를 먼저 봐 줘. 세 갈래 나뭇가지 같은 모양이 두 개나 있어. 이건 손에 붓을 쥐고 무언가를 쓰는 모습을 표현한 거야. 어쩌면 붓이 아닌 그냥 모래판에 쓰는 막대기였을지도 몰라. 갑골문을 쓰던 시대엔 동물 털을 가지런히 모아 만든 붓도, 종이도, 먹도 없었으니까. 어쨌든 이 글자 모양을 해석해 보면 이래. 붓 아래 '해 일(日)'이 있다는 건 해의 움직임을 기록했다는 뜻이야. 농사를 짓는 데 꼭 필요한 일이었으니까. 나중에 '해 일(日)' 아래 선을 하나 추가했어. 무언가를 적는다는 뜻으로 붙인 거야. 이 모든 일이 낮에 이루어지니 '낮'을 가리키는 글자가 되었어. 이 글자와 비슷하게 생긴 글자로는 '그림 화(畵)'가 있어. 자세히 보면 위는 똑같고 아랫부분만 달라. 아랫부분은 밭(田) 모양을 나타낸 건데, 아마도 옛날에는 밭마다 누구네 것인지 표시하는 지도를 그리지 않았나 싶어. 그래서 그림을 그린다는 뜻이 되었지.

2) 달과 별을 관찰하다

지금이야 밤에 불을 켜면 밝아서 사람들이 활동할 수 있지만, 불도 전기도 없던 옛날에는 너무 어두워서 밤을 두려워하기도 했어. 그렇지만 깜깜한 밤이라고 하늘이 비어 있는 건 아니야. 달과 별이 은은한 빛으로 하늘을 아름답게 수놓지.

아주 오랜 옛날에는 맨눈으로 해와 달을 관측했기에 태양은 너무 밝아 눈이 시리고 그 모습도 단조로워 변화를 기록하기 어려웠어. 하지만 달은 한 달이라는 짧은 주기로 눈에 띄게 변화했기 때문에 관찰하여 기록하기 쉬웠어. 달은 초승달에서 반달과 보름달로 변하고, 다시 반달과 그믐달로 변하는 과정을 반복

하니 그 모양을 통해 나름 날짜를 정할 수 있었지. 우리가 30여 일을 묶어 한 달이라고 부르는 건 실제로 달의 변화를 관찰한 결과야. 그리고 해가 뜨고 지는 곳과 별자리를 오랫동안 관찰하면서 계절의 변화를 짐작할 수 있었어.

우리나라에도 예부터 달과 별을 관찰하는 기관이 있었어. 신라에서 만든 첨성대는 대표적인 천문 관측소야. 삼국 시대뿐 아니라 고려와 조선 시대에도 서운관이나 관상감과 같은 정부 기관을 설치해 달과 별을 관측했어. 놀라운 건, 이 시대엔 망원경도 없이 위치 측정 기구만 가지고 전체 하늘을 맨눈으로 관측했다는 점이야. 이렇듯 예부터 달과 별을 관찰하는 일은 무척 중요했기 때문에 관련된 한자도 많았단다.

月 달 월

달 월
금문

달은 한 달 동안 여러 모습으로 변하잖아. 아주 가는 눈썹 같은 초승달일 때도 있다가 반달이 됐다가 보름달로 커지기도 해. 그렇다고 달을 표현하는 글자를 그때그때 다르게 쓸 수는 없었어. 그래서 대개는 반달 아니면 초승달을 달의 대표 모습으로 삼았어. 그런 이유로 '달 월(月)'의 옛 글자가 반달 모양에서 시작된 거야. 가운데 점은 그림이 아니라 글자라는 걸 구분하기 위해서 찍은 거지.

月 육달 월

한자에는 '달 월(月)'을 포함한 글자가 많은데 전부 밤하늘에 떠 있는 달을 뜻하는 건 아니야. '달 월(月)'과 같은 모양이지만 달과는 전혀 상관없는 뜻인 경우도 있어. 이를 '달 월(月)'과 구분하기 위해 '육달 월'이라고 부르지. '육달 월(月)'은 '고기 육(肉)'이 변형된 글자야. '고기 육(肉)'은 본래 칼로 떼어 낸 고기를 그린 글자였어. 그런데 고기를 써는 칼날이 둥근 모양이라서 그걸 본뜨다 보니 모양이 변해 '달 월(月)'과 같아졌어. '고기 육(肉)'이 다른 글자 안에 들어가 있을 때는 '육달 월(月)'로 쓰지. 모양은 같아도 글자 뜻을 잘 살펴보면 달인지 고기인지 구분하기는 그리 어렵지 않아.

朔 초하루 삭

음력으로 매달 첫째 날을 초하루라고 해. 초하루를 정할 때 기준이 되어 준 건 달이었어. 달은 모양이 계속 변하니까 첫째 날을 달이 아예 보이지 않거나 보름달이 뜨는 시기로 정해야 확실한 기준이 될 수 있었겠지. 옛사람들은 한 달의 시작을 달이 보이지 않는 시기로 정했어. 달이 보이지 않아 어두운 시기를 '삭(朔)'이라고 해. 이 글자를 자세히 보면, '달 월(月)'의 왼쪽에 꼬리를 늘어뜨린 글자가 있어. 그건 사람이 거꾸로 선 모습을 그린 거야. 즉, 보름에 커졌던 달이 거꾸로 되었다는 뜻이고, 그건 마지막까지 갔다가 새로이 시작한다는 말이기도 했지. 그래서 '삭(朔)'이 초하루라는 뜻을 나타내게 되었어.

望 보름 망

보름 망
갑골문

보름 망
금문

맑은 날 밤에 보름달이 뜨면 무척이나 환해. 어찌나 환하고 예쁜지 계속 바라보게 되지. 그래서 보름달에 '바라보다'라는 뜻이 붙었어. 갑골문에서 금문으로 가는 과정을 보면 원래는 눈으로 무언가를 바라보는 모습만 표현했다는 걸 알 수 있어. 나중에 뜻을 더 분명히 하려고 달을 추가한 거지. 글자가 만들어진 초기에는 음력 보름(15일)을 뜻하는 글자로 가장 많이 쓰였는데, 그 뒤로 '바라보다'라는 뜻으로 쓰이면서 '망원경(望遠鏡)'이라는 단어에도 사용됐어. '소망(所望)'이나 '희망(希望)' 같은 단어에는 '기대하다'라는 뜻으로 쓰였지.

晶 밝을 정

밝을 정
갑골문

해나 별이나 지구와 떨어져 있는 거리만 어마어마하게 차이 날 뿐 우주에서는 모두 별이야. 그렇지만 우리 눈에 보이는 모습이 다르니 그 별들이 해와 같은 거라고는 상상하기 힘들잖아. 놀랍게도 한자를 만든 사람들은 이 모든 게 별을 뜻한다는 걸 알았나 봐. 해를 여러 개 그려서 별이라는 걸 표시했으니. '정(晶)'은 본래 하늘의 별들을 뜻하던 글자였어. 그런데 밝고 빛나는 별을 떠올리다 보니 차츰 '밝다', '빛나다'란 뜻으로 변했지.

星 별 성

별 성 갑골문

한자에는 같은 뜻을 나타내는 글자가 여럿인 경우가 있어. 별을 뜻하는 글자만 봐도 '별 진(辰)', '별 성(星)' 등 여러 개야. 그중에서 '별 성(星)'은 나뭇가지에 별을 매달아 둔 듯한 모양을 하고 있어. 옛 글자를 보면 처음에는 별을 여러 개 그려 넣었다는 걸 알 수 있어. 그러다 나중엔 별 하나만 남겨 두었지. 그 변화를 거쳐 지금 모습이 된 거야.

3) 흙과 돌이 쌓여 땅을 이루다

조상들이 처음 한자를 배울 때 교재로 삼은 《천자문》은 딱 천 글자로 쓴 책이야. 네 글자씩 짝을 맞춰 250개의 뜻이 맞는 문장으로 이루어져 있는데, 그중 중복되는 글자가 단 한 글자도 없어.

《천자문》첫 구절은 '천지현황(天地玄黃)'이야. 하늘은 검고 땅은 누르다는 뜻이지. 여기서 하늘을 검다고 한 것은 하늘 본래의 색깔은 검은색이고, 파란색은 햇빛이 비치면서 생기는 빛깔이라고 본 거야. 땅이 누렇다는 것은 흙의 색깔을 뜻해. 물론 흙이 다 누런색은 아니지만 이 한자를 만든 곳인 중국 중부 지역은 누런 흙, 즉 황토로 된 땅이었지. 그래서 그곳에 흐르는 강도 누렇다고 해서 '황하(黃河)'라 하고, 그 물이 흘러가는 바다도 누런 바다란 뜻으로 '황해(黃海)'라 부르기도 해.

사막과 같이 아주 메마른 곳에서 가볍고 가는 흙이 바람에 날려 와 쌓인 곳은 황토층(黃土層)이라고 해. 그렇다면 흙은 어디서 나온 것일까? 흙은 돌이 부서져 만들어진 거야. 하지만 한자를 만든 시기에는 돌이 부서져 흙이 되었다고 생각하진 못했어. 그렇게 생각하기에는 황토가 너무 작은 알갱이로 되어 있었기 때문이지.

하늘이 우리 손에 잡히지 않는 것이라면 땅은 우리가 딛고 서 있고 손으로 만질 수도 있어. 거기서 식물들이 자라고 동물들도 발을 딛고 살아가기에 흙과 돌에 관련된 글자가 많은 건 당연한 거야. 여기서는 땅을 이루고 있는 돌과 흙에 관련된 글자를 살펴보자.

場 마당 장

'마당 장(場)'에서 왼쪽 옆의 '흙 토(土)'는 마당이 흙으로 되었다는 뜻이고, 오른쪽 글자는 해와 햇살을 뜻해. 너른 마당에는 아무것도 없으니 햇빛이 잘 들게 마련이지. 지금이야 마당은 집 앞이나 뒤에 비어 있는 땅을 뜻하지만 예전에는 집과 상관없이 그냥 넓은 공터를 뜻하는 말이었어. 마을 사람들이 모여 놀기도 하고 의견도 나누는 그런 곳이었지. 그곳에 모여서 물건을 사고팔면 '시장(市場)'이 형성되었어.

基 터 기

'기(其)'라는 글자는 본래 '망태기'라는 뜻이야. 물건을 담아 나르는 이 도구가 일상에서 흔히 쓰는 것이라 '그거'라고 자주 부르다가 아예 '그것'이란 뜻이 되었어. '터 기(基)'는 '그것' 밑에 '흙 토(土)'가 더해져 있어. 그러니까 망태기로 흙을 날라 단단하게 다지는 일을 뜻하는 말이고, 그건 집을 짓기 위해 터를 닦는 일이지. 집을 튼튼하게 지으려면 터부터 잘 닦아야 하는 법이거든.

壇 단 단

옛사람들이 가장 중요하게 생각한 행사는 제사였어. 조상뿐 아니라 자연을 다스리는 신에게도 제사를 지냈지. 자연신에게 지내는 제사는 야외에서 할 수밖에 없었어. 그들이 사는 곳이 자연이니까. 그런데 평범한 장소에서 할 수는 없어서 흙(土)을 쌓아 다져서 단을 만들었어. 날씨가 험해도 제사를 올릴 수 있도록 그 위에 지붕(亠)도 올렸지. 맨 아래는 '아침 단(旦)'

인데, 자연신에 대한 제사는 아침에 해가 뜰 때 올렸기 때문에 붙은 게 아닌가 생각해.

砂 모래 사

모래 사
금문대전

개울 상류에는 바위들이 있고 부서진 돌도 큼직큼직하지만 중류로 내려오면 자갈이 많아지고 하류까지 내려오면 더 작은 알갱이로 부서져 고운 모래가 돼. 그래서 옛 글자를 보면 흐르는 냇물 주변에 모래를 그렸지. 원래 모래는 물에 부서졌다고 해서 '사(沙)'라고 썼는데, 요즘은 돌이 부서졌다는 뜻으로 '사(砂)'를 더 많이 써. 둘 다 틀린 것은 아니니까 어떤 글자를 써도 상관 없어.

研 갈 연

돌은 단단하기에 물건이나 도구로 만들기는 힘들지만, 절구나 맷돌처럼 한 번 만들어 놓으면 오래 쓸 수 있다는 장점이 있었어. 대신 돌은 충격을 받으면 쪼개질 수 있어서 도구가 엉성했던 석기 시대에는 돌을 가공하는 게 큰 숙제였지. 그중에서도 가장 힘든 일은 구멍을 뚫는 일이었어. 돌에 구멍을 뚫는 이유는 거기에 손잡이를 달아 돌의 쓸모를 높이기 위해서였지. 구멍을 뚫을 때에는 손잡이를 단 아주 단단하고 긴 돌을 사용했어. 돌에 구멍을 뚫는 일은 정말 고된 작업이었겠지? '갈 연(研)'은 이런 작업 과정을 담은 한자야. 한자의 생김새를 보면, 돌(石) 옆에 손잡이가 달린 도구 두 개가 나란히 서 있는 모양을 하고 있어. 옛사람들은 공부도 공들이고 힘든 일이라고 생각했는지 '연구(研究)'라는 단어에도 '갈 연(研)'을 썼어.

2장. 인류의 정착

　아주 오래전부터 인류는 무리를 지어 함께 살면서 동물을 사냥하고 열매를 따 먹고 먹을 만한 식물을 거두며 살았어. 그렇게 무리를 지어 이동을 하며 살다가 농사를 짓고 살면서 정착했고, 문명이 발생하면서 지금까지 역사가 이어진 거야.

　물론 무리를 지어 사는 동물이 인간만 있는 건 아니야. 침팬지처럼 집단생활을 하는 동물이 여럿 있지. 그렇다고 전부 인간처럼 문명을 이루진 않았어. 인간과 동물 사이에 어떤 차이점이 있어서일까? 대략 세 가지 정도로 나눌 수 있어.

　가장 첫 번째는 불을 피운다는 거야. 인류가 불을 발견한 건 역사상 정말 획기적인 발견으로 꼽힌다고 이야기하곤 해. 불을 피운다는 건 음식을 익혀 먹을 수 있다는 뜻이야. 음식을 익혀 먹으면 식중독을 예방할 수 있어. 즉 날것으로 먹었을 때 위험한 생물도 익히면 안전하게 먹을 수 있다는 뜻이야. 먹을 수 있는 생물의 종류가 늘어나니 음식을 찾는 수고가 줄어들었어. 그리고 소화가 잘되니 영양분을 흡수하는 일에 들어가는 에너지를 아낄 수 있었지. 불을 피워 추위를 피할 수도 있었어. 인간이 신체의 한계를 극복했다는 이야기이기도 해.

　두 번째는 언어를 사용한다는 거야. 인간은 언어를 이용해 정교한 소통을 할 수 있어. 물론 자신들만의 언어로 소통을 할 수 있는 동물들도 있어. 개나 고양이는 울음소리로 감정 등을 전달하고, 벌이나 개미 같은 곤충들은 냄새로 소통한다고 하잖아. 하지만 인간은 감정이나 정보를 전달할 때 다양한 방식을 사용해. 복잡한 감정을 상대방에게 정확하게 전달할 수 있는 능력, 사회 안에서 규칙을 정해 소통할 수 있는 능력, 상대방의 감정을 듣고 자신의 감정을 이야기하며 공감할 수 있는 능력, 이런 건 언어를 사용하는 인간만의 능력이라 할 수 있어.

 마지막으로 꼽을 수 있는 건, 도구를 사용한다는 거야. 아, 침팬지도 도구를 사용한다고? 맞아, 침팬지는 개미굴에 나뭇가지를 넣어 개미를 잡아먹을 줄 알아. 하지만 이건 주변에 있는 사물을 도구로 삼아 활용한 예야. 인간은 쓰임에 맞게 도구를 새롭게 만들지. 나뭇가지나 뼈를 있는 그대로 사용하는 게 아니라, 그 재료를 활용해 다듬고 엮어서 새로운 도구를 만들 줄 아는 거야. 인류의 역사를 도구의 재료에 따라 석기 시대, 청동기 시대, 철기 시대로 구분하기도 해.

 그래서 문명이 탄생한 후 청동기 시대에 생긴 한자는 그 이전부터 인류가 겪어 온 일들을 아주 잘 담고 있어. 도구를 만들고 정교한 말로 소통하며, 한곳에 정착하여 가축을 기르고 씨앗을 뿌려 농사를 짓던 인류의 발자취를 글자에서 찾아볼 수 있는 거야.

1) 가축을 기르다

구석기 시대에는 돌을 깨뜨려 적당히 다듬은 도구로 동물들을 사냥하고 먹을 수 있는 열매와 식물을 거두었어. 신석기 시대에는 돌을 갈고 다듬어 보다 완전한 석기를 만들어 썼어. 게다가 씨앗을 심고 농사를 지으며, 동물을 길들여 가축으로 삼기 시작했어. 사냥하던 동물들 가운데 일부를 집에서 기르게 된 것은 대단한 일이었지. 가축을 키우면 사는 곳을 이동하지 않아도, 들판에 나가 사냥하지 않아도 동물에게 얻을 수 있는 모든 걸 누릴 수 있게 된 거니까.

牛 소 우

소 우 갑골문

소는 초식 동물 가운데 큰 축에 속해. 덩치 때문인지 개나 양, 돼지보다 뒤늦게 가축이 되었지. 그렇지만 소는 온순하고 힘이 세기 때문에 본격적으로 농사를 짓고 나서는 사람 대신 논과 밭을 갈아 주기도 했어. 그래서 농사를 중심에 둔 나라에서는 예부터 소를 귀중하게 여겼지.

'소 우(牛)'의 옛 글자를 보면 선은 단순하지만 수소의 멋진 뿔을 그린 글자란 걸 금세 알 수 있어. 소는 중요한 제사에 바치는 동물이기도 했고 농사에 중요한 가축이었기 때문에 여러 글자에서 많이 쓰였어. 아래서 관련된 글자 두 개만 소개할게.

物 물건 물

물건 물 갑골문

사물(事物), 인물(人物), 건물(建物), 식물(植物), 동물(動物) 등 '물(物)'이 들어가는 단어는 무척 많지. 그건 이 세상이 물질(物質)과 물체(物體)로 이루어져 있으니 당연한 이야기일 거야.

'물건 물(物)'의 글자 모양을 자세히 보면, 왼쪽에 '소 우(牛)'가 있어. 소는 물건과 어떤 연관이 있었을까. 오른쪽에 있는 '물(勿)'은 '아니다' 혹은 '마라'라는 뜻으로 칼에 묻은 피와 살점을 표현한 글자야. 칼에 피와 살점이 묻었다는 건 죽음을 의미하는 것이었고, 죽음이라는 게 참혹하고 싫은 것이니 '아니다'라는 부정어가 된 거지. 따라서 물(物)에는 소를 죽였다는 뜻이 담겨 있어. 소를 죽인 이유는 제사 때 신에게 제물을 올리기 위해서였으니 신에게 올리는 '물건'이라는 뜻으로 쓰다가 나중엔 모든 물건을 가리키는 말로 변한 거지.

特 특별할 특

**특별한 특
금문**

보통과 다르고 좋은 것을 두고 '특별(特別)하다'고 해. 상품 중에서도 아주 좋은 것은 '특등품(特等品)'이라 하고, 무언가 남보다 다른 것은 '특수(特殊)하다'라고 하잖아? '특별할 특(特)'에도 '소 우(牛)'가 들어 있어. 제사에 쓰이는 소는 주로 수컷이었어. 왜냐하면 수컷은 뿔이 더 멋지고 덩치가 커서 제물로 쓰기 좋았거든. 암컷은 새끼를 낳아야 했기 때문에 제물로 쓰지 않았어. '특(特)'의 옛 글자는 소의 고삐를 잡고 끌고 가는 모양이야. 제물로 올리기 위해 고른 수소는 아무래도 가장 멋지고 뛰어난 놈이었을 거야. 그러니 '특(特)'은 '뛰어나다'라는 뜻을 품게 되었지.

羊 양양

**양 양
갑골문**

양은 다른 동물보다 먼저 가축이 되었어. 이유는 고기와 젖, 털을 모두 얻을 수 있고 풀만 있으면 기르기 쉬웠기 때문이야. 옛날엔 우리나라에서 양을 키우는 일은 좀 드물었어. 양은 기온이 높고 습한 기후를 견디기 힘들어 하는데, 우리나라 여름철이 딱 그렇잖아. 옛 글자를 보면, 양도 소와 마찬가지로 수컷의 뿔 모양을 가지고 글자의 특징을 잡았지. 양의 둥근 뿔도 정말 멋있거든. 그런데 가만 보니 옛 글자에서 양의 뿔 모양이 약간 각이 졌네. 그건 글자를 소뼈나 거북 등껍질에 새겨야 했기 때문에 둥근 모양이 잘 나오지 않아서야. 메소포타미아 문명에서도 진흙 판에 단단한 갈대 줄기로 글자를 써야 했는데, 역시 둥근 선은 그리기 힘들었어. 최초의 문자가 쐐기 모양이 된 이유 중 하나지.

美 아름다울 미

양은 옛사람들이 무척 좋아하는 짐승이었어. 하얀 털과 온순한 성격 때문에 순진무구한 동물이라고 생각했거든. 숫양이 뽐내는 큰 뿔 역시 인기에 한몫했어. 숫양의 뿔은 위엄이 있어 보이고 아름다워서 장식으로 쓰이기도 했어. '미(美)'는 '양 양(羊)'에 '큰 대(大)'를 함께 쓴 글자야. 그래서 크고 멋진 양의 뿔과 같이 아름다운 걸 뜻하는 글자가 되었어.

豕 돼지 시

돼지 시
금문

소나 양 또는 사슴처럼 멋진 뿔이 있는 동물은 비교적 글자로 만들기가 쉽지만, 돼지는 뿔도 없고 글자로 만들 만한 특징을 잡기 어려운 동물 중 하나였어. 뭐, 돼지의 코를 그리면 된다고? 옛날에 흔하던 돼지는 멧돼지 모습과 가까웠기 때문에 코만 가지고 돼지를 표현하기엔 무리였을 거야. 그래도 어떻게든 특징을 잡아 글자로 표현했어. 옛 글자를 왼쪽으로 기울여 보면, 네 발 짐승이 머리를 땅에 박고 있는 모습이야. 돼지의 특성 가운데 하나가 땅에서 먹이를 찾고 냄새를 맡는다는 거야. 하도 땅만 봐서 목을 들어 하늘을 볼 수 없을 정도였지. 한자를 만든 사람들은 그런 돼지의 특징을 잡아 냈어.

犬 개 견

개는 사람과 정말 친숙한 동물이야. 주인에게 복종을 잘하고 친근감을 잘 표현해서 아주 오래전부터 사랑을 많이 받는 동물이었지. 반가울 때면 꼬리를 세우고 마구 흔들어 표현을 하기도 해. '개 견(犬)'은 바로 꼬리를 세우고

개 견
갑골문

반가워하는 강아지 모습을 표현한 거야. 옛 글자를 기울여 보면 말려 올라간 꼬랑지를 얼마나 예쁘게 그렸는지 알 수 있어. 개를 뜻하는 또 다른 글자가 있는데, 바로 '개 구(狗)'야. 이 글자에서 오른쪽에 있는 '구(句)'는 '컹컹' 짖는 강아지 소리를 표시한 거란다.

馬 말 마

말 마
금문

몸도 다리도 늘씬하고 잘 달리는 말은 누구나 한눈에 알아볼 수 있는 특징이 있어. 그래, 말은 다른 동물에게는 찾기 힘든 갈기가 있지. 그래서 말을 그리는 데 갈기를 빠뜨릴 수 없어. 옛 글자를 왼쪽으로 기울여 보니, 역시 갈기를 가장 큰 특징으로 잡아 표현했어. 말은 빨리 오래 달릴 수 있기 때문에 다른 어떤 동물보다 좋은 교통수단이 되어 주었어. 그리고 전쟁에서 정말 중요한 동물이었지. 전쟁에서 사용한 수레를 끌기에 말이 가장 적합했고, 날쌔면서도 영리했기 때문이야. 그래서 말을 얼마나 많이 가지고 있는지에 따라 국력을 가늠할 수 있었어.

鷄 닭 계

닭 계
갑골문
닭 계
금문

새 가운데 사람과 가장 가깝게 지내는 건 뭐니 뭐니 해도 닭이야. 달걀도 얻고 고기도 얻을 수 있어서 닭은 흔하게 볼 수 있는 가축 중 하나였어. '닭 계(鷄)'의 옛 글자를 보면 모두 수탉의 모습이야. 벼슬이 있고 입을 벌리고 있는 것이 딱 새벽에 우는 모습이지. 오늘날 쓰는 '닭 계(鷄)'는 '어찌 해(奚)'와 '새 조(鳥)'를 합친 모양인데, '해(奚)'는 머리를 묶어 올리는 모습을 묘사한 글자라 닭의 볏을 나타내는 거야. 닭의 볏이 관리가 되면 쓰는 모자와 같다 해서 수탉은 벼슬을 상징하기도 했지.

象 코끼리 상

코끼리 상
금문

가축 이야기를 하다가 갑자기 가축으로 기르지 않는 코끼리가 나오니 고개를 갸우뚱하는 사람도 있겠다. 한자가 만들어진 중국에서 코끼리가 살았나 싶기도 하지? 이 옛 글자는 청동기 그릇 속에도 새겨져 있었는데, 그림인지 글자인지 헷갈릴 만큼 정교하게 그렸어. 5천 년 전 중국 내륙에서 코끼리가 살았기 때문에 유물에도 등장한 거지. 코끼리가 살았다는 건 그 지역이 아주 따뜻한 기후였다는 이야기이고. 그러고 보니 글자를 통해 옛날 기후까지 알 수도 있구나.

코끼리는 긴 코 덕분에 다른 동물과 모습에 큰 차이가 드러나. 코끼리를 나타낸 옛 글자를 보면 누가 봐도 코끼리지. 그래서 '모양을 본뜨다'는 뜻으로도 쓰이지. 초기 한자는 이렇게 있는 그대로의 모습을 본떠 만든 상형 문자(象形文字)였어. 이미 눈치챘겠지만 상형 문자에서 '상(象)'이 바로 '코끼리 상'이야.

새와 관련된 한자

동물에 관련된 한자를 이야기하다 보니 '새'와 관련된 한자 이야기를 빠뜨릴 수가 없네. 몇 개만 소개하려고 해.

鳥 새 조

새 조 갑골문1   새 조 갑골문2   새 조 금문

'새 조(鳥)'는 어떤 특정 새를 가리키는 것이 아니라 여러 종류의 새들을 묶어서 말하는 글자야. 옛 글자를 보면 부리, 눈, 날개, 발, 깃털 등으로 새를 표현하려고 했음을 알 수 있어. 특히 깃털을 묘사한 부분은 깃털의 갈라짐까지 자세하게 그렸어.

雙 쌍 쌍

'쌍 쌍(雙)'은 손 위에 새 두 마리가 나란히 앉아 있는 걸 표현한 거야. 이 글자에는 새를 표현하는 글자로 '새 추(隹)'가 들어갔어. 유목민에게는 '매 사냥'이란 풍습이 있었어. 매를 훈련해 사냥을 시키는 거지. 매 사냥을 할 때 보통 팔에다 매를 올리는데, 이 글자는 한 팔에 두 마리를 올린 형태이지. 이렇듯 처음에는 매 사냥을 의미했지만 점차 한 쌍의 새를 표현하는 말에 모두 사용했어. 이제 '쌍(雙)'이란 말은 새뿐 아니라 동물이나 사람에게도 쓰고, 나아가 물건에 쓰기도 해.

集 모을 집

참새가 나무에 모여 앉아 있다가 우르르 날아가는 모습을 본 적이 있니? 새들이 나무에 모여 있는 이유는 위험이 닥쳤을 때 서로에게 경고해 줄 수 있어서야. 이렇게 한 나무에 새들이 모여 있는 모습을 나타낸 글자가 바로 '모을 집(集)'이야. 나무에 새가 모이는 걸 표현했던 이 글자는 무엇이든 '모이다'라는 뜻으로 발전한 거지.

離 떠날 리

헤어지는 것을 뜻하는 단어인 '이별(離別)'에 쓰인 '떠날 리(離)'에도 새(隹)가 들어 있어. 이 글자는 새하고 무슨 관련이 있을까? 왼쪽에 있는 '리(离)'는 홀로 쓰이기도 하는데 '떠나다', '산신', '도깨비'와 같은 뜻이 있어. 빠르고 경계심이 많은 새는 어떤 도구로든 잡기가 쉽지 않았을 거야. 속임수를 썼어도 실패하기 십상이었을 테고. 그러니 도망가는 새의 모습을 보고 '떠난다'고 표현한 건 아닐까 하는 생각이 들어. 그리고 풀밭이나 숲에서 새를 놓치면 감쪽같이 사라지는 일이 흔했기 때문에 '산신'이나 '도깨비' 같은 뜻이 생겼을 거야.

2) 농사를 짓다

석기 시대에 들어와서 일어난 가장 큰 변화는 농사를 짓게 된 거야. 농사 때문에 인간의 문명이 생겨났다고 해도 과언이 아니거든. 자연에서 사냥을 하고 열매를 따며 살던 때와 생활 방식이 완전히 바뀌어 버렸고, 생활이 바뀌니 저절로 생각도 바뀌었어.

농사를 지으며 사람들은 한곳에 정착해야 했어. 농사는 하루아침에 이루어지는 일이 아니야. 씨를 뿌려 기르고 곡식을 갈무리하려면 오랜 시간 한곳에 머

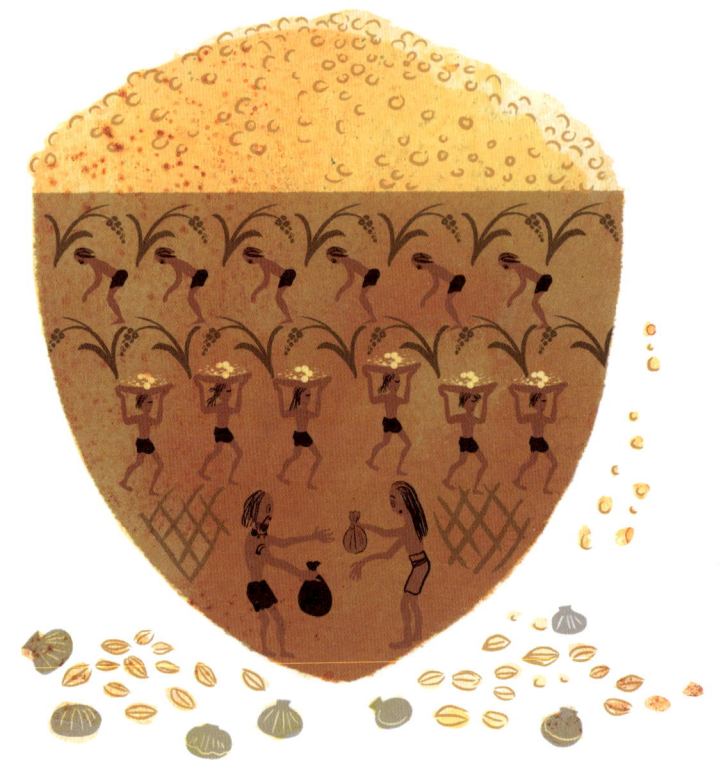

물러야 했어. 그리고 농사를 지으니 식량이 늘어나 인구도 늘었어. 인구가 늘어나니 마을이 형성되고, 사람들은 서로의 마을을 오고 가기 시작했어. 왕래하다 보니 우리 마을과 이웃 마을의 다른 점을 알게 되고, 다르게 가지고 있는 것들을 바꾸어 가며 쓰는 과정에서 자연스레 시장과 화폐도 생겼어.

사회 규모가 점점 커지면서 도시와 나라가 생기고 사람들의 역할도 다양해졌지. 농사를 짓는 사람과 농사를 짓지 않는 관료로 나뉘었고, 농사에 필요한 물건을 만들다 보니 전문적으로 물건을 잘 만드는 장인도 생겨났어. 나라가 커지면서 나라와 나라 사이에 전쟁이 일어나니 군인도 생겼어. 사회 구성원이 늘어나 식량이 더 중요해지니까 더 넓은 땅을 차지해 더 많은 식량을 얻으려는 움직임이 전쟁으로 이어진 거였지. 이렇듯 여러 변화가 농사에서 시작됐어. 농사를 짓게 된 걸 인류 역사에서 가장 큰 변화라고 이야기하는 이유란다.

禾 벼 화

농촌에 가면 어디서나 너른 논에 벼를 심어 농사를 짓는 걸 볼 수 있어. 지금이야 쌀로 밥을 지어 먹는 일이 흔하지만 옛날엔 아니었어. 쌀농사를 본격적으로 한 건 그리 오래되지 않은 일이야. 이전에는 조나 기장, 보리 같은 잡곡을 더 많이 먹었지. 그래서 '화(禾)'도 처음부터 벼를 뜻하는 글자는 아니었어. 당시에 주로 먹었던 조와 기장을 뜻했지. 이삭과 수염뿌리를 표현하여 만든 이 글자는 나중에서야 벼를 뜻하는 글자가 되었어.

來 올 래

올 래
갑골문

'올 래(來)' 자를 보면 언뜻 나무에 무언가 매달린 모습처럼 보이지만, 옛 글자를 보면 나무가 아니었음은 확실히 알 수 있어. 이건 곡식이 열리는 풀을 그린 것이고, 이미 이삭이 달려 고개를 숙이고 있는 시기를 표현한 글자야. 이제 곡식이 완전히 익었으니 추수해서 밥을 지어 먹을 수 있는 때가 곧 올 것이기에 '오다'라는 뜻이 되었을 거야. 농사를 지으면 늘 추수할 날이 오기를 기다리니까. 그래서 아직 오지 않은 시간을 나타낼 때는 '아닐 미(未)'를 써서 '미래(未來)'라고 하지. 그리고 '(앞으로) 올 날'은 '내일(來日)'이라고 하는 거야.

麥 보리 맥

다들 쌀과 보리는 구분할 수 있겠지? 보리는 낱알 가운데에 줄이 있으니 쉽게 구분할 수 있어. 껍질을 벗기기 전이라도 보리 낱알에는 침과 같은 가시가 있어 알아보기 쉬워. 보리는 원래 카스피 해 아래 서아시아 지방에서 자라던 풀이라고 해. 그러니 중국에서 보면 서쪽에서 건너온 거야. 원래는 '올 래(來)'와 비슷한 모양이었는데, 그 글자가 '오다'라는 뜻으로 쓰이니까 이 글자 아래 발을 달아 밖에서 건너온 식물임을 표시했지. 우리나라에서도 쌀보다 보리를 많이 먹던 시절이 있었지만 요즘은 그리 많이 먹지 않는 것 같아. 보리는 쌀과 달리 가을에 심어 봄에 거둘 수 있어서 먹을 것이 부족하던 시절에는 더없이 소중한 곡식이었어.

豆 콩두

콩 두
갑골문

아저씨 숙
갑골문

콩을 뜻하는 '두(豆)'는 우리가 자주 먹는 '두부(豆腐)'에 들어가는 한자야. 두부는 콩으로 만들기 때문이지. 그런데 '두(豆)'는 원래 콩이 아니라 제사용 그릇 이름이었어. 옛 글자를 봐. 글자 모양이 딱 제사용 그릇처럼 생겼지? 그릇에 높은 받침이 있고 뚜껑도 달려 있어 딱이야. 그릇 이름이 어쩌다 콩이 되었는지를 말해 주는 확실한 자료는 없지만, 그릇을 가리키는 말과 콩을 부르는 소리가 비슷하지 않았을까 추측해 볼 수 있어. 본래 콩을 뜻하는 글자는 '아저씨 숙(叔)'이야. 옛 글자를 보면 콩 뿌리와 콩잎, 줄기가 그려져 있어. 오른쪽은 콩을 따는 손을 그린 거야. 그런데 이 글자는 어떤 이유에서인지 콩이라는 뜻은 희미해지고 아저씨라는 뜻이 더해져 숙부(叔父)처럼 작은아버지를 뜻하는 말로 쓰였지 뭐야. 이렇듯 한자는 시간이 지나며 의미나 모양이 변하기도 했어.

米 쌀 미

쌀 미
갑골문

씨앗 한 알이 벼로 자라 낟알을 맺으면 비로소 식량으로 삼을 수 있어. 지금 우리가 보기엔 쌀알은 정말 작게 느껴지지만 오늘날 쌀은 한자가 생길 당시에 먹던 좁쌀보다 한참 큰 거야. 그래서 오늘날 우리가 먹는 쌀은 '대미(大米)'라 하고, 옛날에 먹던 좁쌀은 '소미(小米)'라고 부르기도 해. '미(米)'의 옛 글자는 오늘날 글자와 크게 다르지 않지. 가운데 선을 중심으로 위쪽 점 세 개와 아래쪽 점 세 개는 낟알이야. 가운데 선은 겹겹이 쌓인 것을 표시한 거지. 그러니까 아래, 위, 옆으로 쌀알이 무한하게 쌓여 있는 걸 상상하라는 뜻이야.

3) 불을 일으키다

불을 발견한 건 인류 역사에서 정말 중요한 일이야. 불은 농사 못지않게 문명에서 중요한 역할을 했어. 신석기 시대에는 불에다 토기를 구웠지. 토기를 만들어 썼다는 건 신석기 시대의 큰 특징이기도 해. 한자가 등장했던 청동기 시대에는 불로 금속을 녹여 틀에 붓고 도구를 만들었어. 불을 발견한 뒤로 갖가지 기술이 발전했지만 그래도 생활 속에서 가장 큰 영향을 끼친 부분은 식생활이었어. 각종 재료를 불에 굽거나 끓는 물에 삶아 먹기 시작하면서 음식의 종류가 다양해지고 식생활 문화가 발달했어. 또한 연기를 쏘여서 훈제를 하면서 저장 기술이 발전하기도 했어. 연기를 쐬면 고기가 쉽게 상하지 않아서 오래 보관할 수 있었거든. 불을 이용한 이런 획기적인 변화는 문명이 발전하는 원동력이 되어 주었어.

灰 재 회

이 글자는 손에 막대기를 들고 모닥불을 뒤적이는 모습에서 시작했어. 모닥불을 피웠다가 불이 꺼질 무렵이면 혹시 불씨가 살아 있나 뒤적거리곤 하잖아. 그러면 불은 사그라지고 까만 재만 남아 있는 걸 확인할 수 있어. 그래서 '재'를 뜻하는 글자가 되었지.

炭 숯 탄

옛사람들이 가장 구하기 쉬운 연료는 나무였어. 나무를 연료로 쓰려면 잘 말리는 게 중요했어. 나무가 잘 마르지 않으면 태울 때 연기가 너무 많이 나서 불은 피워 보지도 못하고 연기만 잔뜩 마시거든. 그래서 잘사는 집에서는 숯을 많이 썼지. 요즘은 숯을 가마에서 구워 만들지만, 그 옛날에는 지형을 이용해야 했어. 숯을 만들기에 가장 적절한 지형은 산에 있는 절벽이었어. 일단 산에서는 나무를 구하기 쉽고, 절벽 아래서는 바람을 막아 주니 불이 번지는 걸 예방할 수 있었어. '숯 탄(炭)'은 그렇게 절벽에서 나무를 쌓아 놓고 불을 피워 숯 만드는 걸 뜻했어.

炙 고기 구울 자(적)

고기를 굽는 방법은 여러 가지가 있지만 불 위에 직접 굽는 것이 가장 오랫동안 해 온 방법이야. 직접 불 위에 구우면 나무 타는 향이 고기에 배어 더 맛있지. '고기 구울 자(炙)'는 불 위에 고기를 올려놓은 모습을 간단하게 표현한 글자야. 이 글자는 음이 두 개라서, 꼬치에 고기와 채소를 꿰어 구운 '산적(散炙)'에 쓰일 때에는 '적'으로 읽는단다.

3장. 물과 함께한 문명

　지구는 바다가 육지보다 면적이 훨씬 넓어. 지구 전체의 3분의 2가 바다거든. 그래서 '지구(地球)'라는 이름보다 '수구(水球)'라는 이름이 더 잘 어울린다고 하는 사람도 있어. 생물이 물에서 시작한 것만 봐도 이 이름이 굉장히 그럴듯하다는 걸 알 수 있을 거야. 지구에 생물이 나타난 것은 30억 년쯤 됐다고 하는데 생물이 땅 위에 올라와 살기 시작한 것은 4억 년도 채 되지 않거든. 땅 위로 생물이 올라와 살기 시작했다고 해도 물은 매우 중요한 생존 수단이었음은 분명해.

　지금도 생물에게 물이 얼마나 중요한지는 긴말이 필요 없어. 모든 생물이 살기 위해서는 물이 꼭 필요하지. 사람도 생물이니까 물이 없으면 살 수 없어. 우리 몸도 70퍼센트가 물로 되어 있을 정도야. 그러니까 비가 내리지 않는 사막에서 사람이 살기란 거의 불가능에 가까워.

　한자의 고향인 중국 신화를 보면, 중국 첫 번째 왕은 물을 다스린 '우(禹)'라고 해. 물을 다스리는 일이 곧 나라를 세우는 일이었던 거야. 신화에서 물이 이렇게 중요한 자리를 차지했던 건 문명과 관련이 있을지도 몰라. 문명이 발생한 곳은 모두 큰 강을 끼고 있거든. 이건 세계 4대 문명을 봐도 알 수 있어. 메소포타미아 문명은 티그리스 강과 유프라테스 강, 인도 문명은 인더스 강, 이집트 문명은 나일 강, 중국 문명은 황허 강 유역에서 탄생했잖아. 그렇다면 사람들은 왜 큰 강 주변에 모여 살기 시작했을까? 바로 농사에 물이 가장 중요하기 때문이지. 강이 가까이에 있으면 농사에 필요한 물을 쉽게 끌어올 수 있었을 거야. 또 농사지은 곡식을 수월하게 배로 옮길 수 있었겠지.

　국가가 생긴 뒤부터는 각 나라마다 물을 더 잘 다루기 위해 기술을 발전시켜 갔어. 나라의 근간인 농사가 잘 이루어질 수 있도록 애썼던 거야. 홍수가 나서 큰 피해를 입지 않게 둑을 만들기도 하고, 물을 저장했다 가뭄 때 활용하기도 했지. 측우기를 만들어 비가 오는 양을 측정한 것도 국가사업 중 하나였어.

　왕이 하늘에 지내는 제사를 중요하게 생각했던 것도 결국 물을 잘 다루기 위해서였어. 왕은 적절한 시기에 비가 내리길 바라는 마음으로 제사를 지냈어. 그래야 풍년이 되고 나라 곳간이 두둑해지니까. 이건 왕을 평가하는 잣대가 되기도 했어. 비가 오지 않으면 왕의 덕이 부족해서라고 말하기도 했지. 이렇게 예부터 삶에서 물이 중요했으니 물과 관련된 한자가 많은 건 당연한 일이야.

1) 물이 흘러 강이 되고 바다가 되다

한자가 생겨난 중국은 국토가 워낙 넓어서 내륙에 사는 사람들은 평생 바다 한번 보기가 힘들었어. 특히나 한자를 만든 사람들은 육지 깊은 곳에 살았기 때문에 바다를 거의 볼 수 없었지. 바다를 보려면 몇 달, 몇 년 동안 이동해야 했고, 그렇게 간다고 해도 바다를 볼 수 있다는 보장도 없었어. 어쩌면 고대에는 바다라는 게 있는지 모르고 산 사람들도 있었을 거야. 그들이 볼 수 있던 물은 샘물과 시냇물, 강과 호수, 그리고 하늘에서 내리는 비뿐이었던 거지.

사실 강을 따라가다 보면 바다에 이를 수 있어. 물의 순환 과정을 알면 쉽게 이해가 갈 거야. 비가 내리면 빗물은 흙과 바위를 적시며 땅속으로 흘러 들어가. 땅속에 흐르던 물은 고여 샘물이 되기도 하고, 여러 곳에서 흘러 들어온 물이 더 모이면 개울이 되고, 개울이 흘러 큰 시냇물이 되고, 시내가 모여 강이 돼. 그리고 길고 긴 강줄기를 따라가다 보면 비로소 바다에 이르게 되니까. 바닷물은

다시 수증기가 되어 하늘로 올라가 육지에 비를 뿌리지. 그러니 강과 호수, 바다 등을 나타내는 글자에는 반드시 물(水)이라는 글자가 들어가.

海 바다 해

바다 해
금문

한자를 만든 곳에서는 바다를 보기 힘들었지만 바다란 글자는 있었네. 하지만 원래 이 글자는 바다란 뜻은 아니었어. 옛 글자 모양을 보면 물, 손과 젖, 이 세 가지로 되어 있어. 그건 손으로 젖을 짜면 물이 나온다는 뜻이야. 그러니까 당시 사람들은 강 위쪽 어딘가에서 계속해서 물을 짜내기 때문에 강이 흐른다고 생각했던 거야. 끊임없이 흐르는 강물이 어디서 왔을까 궁금해하다 이런 상상을 한 거지. 그러니 '해(海)'는 본래 물이 시작되는 곳을 표현한 거야. 시간이 한참 흐르고 끝없이 펼쳐지는 바다를 본 뒤에야 사람들은 '해(海)'를 바다라는 뜻으로 사용했어.

河 물 하

'하(河)'는 강을 뜻해. '하(河)'가 포함된 단어 중에서 '하천(河川)'은 '강과 시냇물'이란 뜻이야. 이 글자는 본래 중국 문명이 시작된 황허(黃河)강에만 쓰이는 한자였어. '물 하(河)'에서 '물(氵)' 옆에 있는 '가(可)'는 누군가가 높은 언덕에 서서 삿대를 든 사공을 부르는 모습이라고 해석하기도 해. 큰 소리로 부르고 대답하는 입(口)이 있고, 그 옆은 작대기 따위를 들고 있는 모습 같기도 하니 그런 해석이 나온 걸 거야.

江 강강

'강(江)'은 시내나 개울보다 훨씬 큰 물줄기를 이르는 말이야. '물(氵)' 옆에 있는 '공(工)'은 '무엇을 만들다' 혹은 '큰 것'을 뜻하는 글자인데, 여기서는 크다는 뜻으로 쓰인 거야. 이 글자는 본디 중국 양쯔 강을 이르는 글자였다고 해. 우리는 그 강을 양쯔 강이라고 부르지만 중국 사람들은 장강(長江)이라고 불렀지. 하지만 차츰 다른 곳에도 쓰이면서 '강 강(江)'은 '큰 물'이란 뜻으로 자리 잡았어.

湖 호수 호

호수 호
금문대전

물은 높은 곳에서 낮은 곳으로 흘러가지만 무조건 흐르기만 하는 건 아니야. 지대가 낮은 곳에 고여 있기도 해. 작게 고여 있는 물을 연못이라고 하고, 크게 고여 있는 물을 호수라고 해. '호수 호(湖)'에서 '호(胡)'는 '옛날'을 뜻하는 '고(古)'에 '고기'를 뜻하는 '육달 월(月)'을 붙여서 만든 글자야. '고(古)'는 원래 목에 불룩 튀어나온 목젖을 묘사한 글자라고 해. 어른들이 말을 할 때 목젖이 위아래로 움직이는 모습이 인상적이었는지 그 모습을 표현해 글자를 만든 거지. 거기에 고기를 뜻하는 글자가 붙으니 '그렁그렁' 소리를 내는 동물의 목젖을 표현할 수 있게 되었고 가축을 뜻하는 말이 되었지. 종합해 보면 '호수 호(湖)'는 가축을 키우는 유목민이 사는 서쪽 끝에 고인 물이라는 뜻이야. 황허 강이 서쪽에서 동쪽으로 흘렀기 때문에 옛사람들은 서쪽 끝에 물이 가득 고여 있을 거라고 믿었지. 거기에서 강이 시작됐다고 말이야.

洋 바다 양

바다는 모두 이어져 있지만 사람들은 육지에 둘러싸인 좁은 바다와 넓은 바다를 구분해서 불러. 우리나라와 중국 사이에 낀 바다는 서해, 유럽과 아프리카 사이에 끼어 있는 바다는 지중해, 이런 식으로 바다 이름에 '바다 해(海)'를 붙였어. 대신 태평양이나 대서양처럼 광활한 바다는 '바다 양(洋)'을 써서 이름을 붙였지. '양(洋)'은 물이 흐르는 곳에 있는 양을 표현한 거야. 양 떼가 초원을 덮고 있는 모습이 파도가 일렁이는 것처럼 보였나 봐. 큰 바다에서 파도가 일렁이는 모습을 보고 이 글자를 만든 것을 보면 말이야.

波 물결 파

물은 액체이기 때문에 바람이 불거나 충격을 받으면 출렁거리면서 파도가 일어나. '물결 파(波)'는 '물(氵)'과 '가죽 피(皮)'가 합쳐진 글자야. 원래 물결만 뜻하는 것이었지만, 이제는 소리나 빛의 파동에도 모두 이 글자를 써. 전파(電波), 음파(音波), 초음파(超音波)도 파도와 비슷한 성질이 있다고 해서 붙인 이름이야. 참고로 '피(皮)' 앞에 '흙 토(土)'를 더하면 '언덕 파(坡)'가 돼. 가죽이 밀려 올라간 모습을 보고 흙이 쌓여 만들어진 언덕을 떠올린 거야.

2) 생활 속에서 물을 찾다

우리는 물이 없으면 하루도 살 수 없지. 농사를 짓는 데도, 매일 씻고 마시고 음식을 하며 생활하는 데도 물이 꼭 필요해.

물은 이동할 때 길이 되어 주기도 해. 배를 띄우면 강이나 호수는 그대로 길이 되지. 바다도 마찬가지야. 육지로 빙 돌아서 가지 않아도 배를 타고 바다를 가로질러 갈 수 있었어.

바다로 배를 몰고 나갈 때에는 꼭 알아 두어야 할 것이 있어. 바로 밀물과 썰물이야. 밀물은 바닷물이 육지 쪽으로 들어오는 걸 말하고, 썰물은 반대로 물이 빠져나가는 거야. 이건 달과 태양의 인력(끌어당기는 힘)이 작용하여 생기는 자연 현상이지. 그러니 아주 오랜 옛날부터 바닷가에 사는 사람들은 물이 들어오고 빠지는 시기를 꼭 알아 두어야 했어.

물이 빠지는 썰물 때면 드넓은 개펄이 드러나. 바다 근처에 사는 사

람들은 개펄에서 조개와 같은 생물을 잡아먹었어. 그러니 썰물 때는 식량을 얻는 아주 중요한 시기였던 거야.

바닷물이 드나드는 걸 한자로 표현하면 '조석(潮汐)'이라고도 해. 아침에 밀물이 되면 낮에 썰물이 되었다가, 저녁에 다시 밀물이 되기 때문이지. 아침을 뜻하는 한자(朝)와 저녁을 뜻하는 한자(夕)에 각각 물(氵)을 붙여 만든 글자인 걸 눈치챈 사람이 있다면 제대로 본 거야. 그 밖에도 생활 속에서 물(氵)이 들어간 한자는 얼마든지 찾을 수 있어.

沐 머리감을 목

머리감을 목
갑골문

'목욕탕(沐浴湯)'의 첫 글자 '목(沐)'은 머리를 감는다는 뜻이야. 옛 글자를 보면 나무 주위에 빗방울을 그려 놓았지. 그런데 왜 머리카락이 아니고 나무가 있냐고 할지 모르겠네. 맞아, 머리카락을 표현해야 하지만 그리기 쉽지 않아 자칫하면 다른 그림으로 오해할 수도 있었기 때문이지. 그래서 나무를 사람 몸에 비유하는 방법을 썼어. 사람을 나무에 빗대면 줄기는 몸, 가지는 손발, 이파리는 머리카락이나 털이라고 이야기할 수 있을 거야. 그러면 나무에 비가 와서 이파리가 씻기는 것을 사람이 머리를 감는 것으로 생각할 수 있지 않을까? 이렇게 표현하면 멋도 있고 재미도 있잖아. 때로는 이렇게 은근한 표현이 더 좋을 때가 있지.

浴 목욕할 욕   湯 끓일 탕

목욕할 욕
금문

끓일 탕
금문

'목욕탕(沐浴湯)'의 두 번째 글자 '욕(浴)'은 몸을 씻는다는 뜻이야. 옛 글자를 보면 커다란 통에 들어가 물로 몸을 씻고 있는 모습을 그대로 그렸어. 짧은 선으로 물방울 튀기는 모습까지 표현했지. 그런데 그 이후에는 지금의 글자처럼 흐르는 '물(氵)'과 산골짜기를 뜻하는 '곡(谷)'을 함께 썼어. 그러니 이때는 목욕을 커다란 통에 들어가 한 것이 아니라, 산골짜기에 흐르는 계곡물에서 했다는 이야기야. 물론 추운 겨울에야 물을 데워 통에 넣고 했을지 몰라도 글자를 보면 목욕을 하는 방법에도 시대마다 차이가 있었구나 하는 생각도 들지 뭐야.

목욕탕의 마지막 글자 '탕(湯)'은 뜨거운 햇볕을 받아 뜨뜻해진 물을 뜻해. 그러니 세 글자를 함께 풀면, '목욕탕(沐浴湯)'은 머리 감고 몸을 씻을 수 있는 뜨거운 물이 있는 곳이지. 오늘날 목욕탕과도 쓰임이 딱 들어맞는 말이야.

冷 찰 랭

뜨거운 물 이야기를 했더니 차가운 물도 생각이 났어. 더울 때 우리는 어떻게 하지? '냉방(冷房)'을 하고, 차가운 '냉면(冷麵)'을 먹으면 좋겠다고? 이 단어들에는 얼음(冫)을 뜻하는 글자가 붙어 있어. 얼마나 차갑기에 이미 얼어 버린 걸까. 얼음 오른쪽에는 '명령(命令)'이라는 단어에 쓰이는 '령(令)'이 붙어 있어. 꿇어앉은 사람 위에서 높은 사람이 이야기하는 모습을 나타낸 글자야. 그렇다면 '찰 랭(冷)'은 높은 사람이 호되게 꾸짖으니 몸이 얼었다는 걸 표현할 걸 수도 있고, '랭'이라는 소리를 나타내려고 그냥 '령(令)'을 덧붙인 것일 수도 있어. 뜻이랑 딱 맞지 않아도 소리를 표기하기 위해 들어

가는 글자들도 꽤 많거든. 혹시나 冷과 제목에서 쓴 冷의 모양이 다른 이유를 궁금해할 친구가 있을지도 모르겠어. 결론부터 말하자면 둘 다 '찰 랭'이 맞아. 지금 쓰는 한자의 활자 서체는 대개 유명한 서예의 글씨를 가지고 만든 거야. 그래서 서체에 따라 모양이 약간 다를 때도 있으니 이상하게 생각하지 않아도 돼.

氷 얼음 빙

얼음 빙 금문

얼음을 나타내는 한자인 '빙(氷)'은 원래 '빙(冰)'으로 썼어. 물은 다른 글자와 함께 놓일 때 점 세 개인 삼수변(氵)으로 쓴다면, 얼음은 점이 둘인 이수변(冫)으로 쓰지. 그런데 왜 물과 달리 점이 두 개만 있느냐고? 얼음은 흐르지 않기 때문에 물결을 반만 그려 놓았어. '𱃳'는 흐르는 것 같지만 '仌'는 딱 멈춘 것 같잖아.

泳 헤엄칠 영

길 영 갑골문

한자는 점 위치만 달라져도 다른 글자가 돼. 가령 '클 태(太)'의 점이 오른쪽 위로 올라가면 '개 견(犬)'이 되듯이 말이야. 위에서 본 '얼음 빙(氷)'에서 점이 꼭대기로 올라가면 길다는 뜻의 '영(永)'이란 글자가 돼. 이 한자는 어떻게 만들어졌을까?

'길 영(永)'의 옛 글자에는 '가다(彳)'와 '사람(人)' 그리고 '물(水)'이 들어 있어. '사람이 물속에서 가다'라는 건 바로 헤엄친다는 뜻이야. 흐르는 물에서는 가만히 있어도 아래로 내려가잖아? 그렇게 오랫동안 멀리 갈 수도 있기에 '오래', '길다'라는 뜻이 되었어. '헤엄치다'라는 글자는 여기에 물(氵)을 하나 더 붙인 거지. 그래서 '수영(水泳)'이란 단어가 만들어진 거야.

流 흐를 류

물은 늘 높은 데서 낮은 곳으로 흘러가 가장 낮은 곳인 바다에 도착해. 이는 물을 낮은 곳으로 잡아끄는 지구의 중력 때문이지. 그렇다면 '흐를 류(流)'도 물이 위에서 아래로 흐르는 모습을 표현했을 거 같지? 뜻밖에도 이 글자는 아기가 태어나는 모습을 표현했어. 아기는 엄마 배에 있는 양수라는 물속에서 자라. 그러다 아기가 태어날 때에는 양수가 먼저 터져 흘러나오지. 이 모습을 표현한 글자가 지금 모양으로 자리 잡으면서 '흐른다'는 뜻이 되었지. 안타깝게도 아이를 건강하게 낳지 못하고 배 속에서 잃을 때도 있는데, 이때도 이 글자를 써서 '유산(流産)'이라고 해.

州 고을 주

'내 천(川)'은 냇물이 흘러가는 모습을 그린 글자야. '고을 주(州)'는 여기에 점을 세 개나 더 찍은 모양이야. 옛 글자를 보면 흐르는 물 가운데 섬이 있어. 대체로 이렇게 물이 흐르며 쌓인 땅은 넓고 기름져서 농사가 잘되기 마련이야. 당연히 그 주변으로 사람들이 많이 모여 살았기 때문에 '고을'이란 글자가 되었어.

고을 주
금문

涉 건널 섭

건널 섭
금문

지금은 다리가 많아 자동차와 기차가 개울이나 강을 건너는 데 문제가 없지만, 예전에는 물을 건너는 게 그리 쉬운 일이 아니었어. 그러니 물이 얕은 곳으로 멀리 돌아가 건너기도 하고 나룻배를 이용하기도 했겠지. 이렇게 물을 건너는 게 '섭(涉)'이야. 옛 글자를 보면 물이 흐르는 시내가 있고 위아래로 새 발자국 같은 것이 있어. 발자국이 양쪽에 있는 것은 한쪽에서 건너편으로 갔다는 뜻이지. 이 한자를 처음 만들어 쓰던 시대에는 작은 나라들이 무수히 많을 때였어. 그래서 물을 건넌다는 것은 대체로 국경을 넘어 다른 나라를 침략하는 일이었지. '간섭(干涉)하다'라는 말은 그 뜻을 그대로 담은 말이야. 여기서 '간(干)'은 원래 방패란 말이지만 영역의 표시를 뜻하기도 했어. 그래서 '간섭'은 '물을 건너 남의 땅에 가서 이래라저래라 한다.'라는 뜻이야.

沈 가라앉을 침

가라앉을 침 갑골문1 가라앉을 침 갑골문2

배가 물속으로 가라앉는 걸 '침몰(沈沒)'이라 하지. 가라앉아 보이지 않게 되었다는 말이야. 여기서 '침(沈)'은 좀 참혹한 글자야. 옛날에는 홍수나 가뭄이 들지 않고, 강을 안전하게 건널 수 있도록 강의 신에게 제사를 지냈지. 옛 글자는 물에다 소나 양과 같은 동물을 빠뜨리는 모습이야. 신에게 제물을 바쳐 사람들의 마음을 전달했다는 뜻이야. 그런데 포로로 잡은 사람도 제물로 바쳤던 모양이야. 그래서 지금 글자처럼 '사람 인(人)'과 닮은 모양이 된 거야.

津 나루 진

나루 진 갑골문

다리도 없는 깊은 강을 건너자면 헤엄을 잘 치는 수밖에 없어. 헤엄을 잘 치려면 몸이 간편해야겠지만 군인이라면 갑옷이며 무기를 다 버리고 수영할 수는 없는 일이고, 여행객이라도 보따리를 버려 두고 몸만 건널 수 없겠지. 이럴 때는 나룻배를 타고 강을 건너야 해. '나루 진(津)'의 옛 글자를 보면 뗏목과 삿대를 쥔 사람이란 걸 한눈에 알 수 있지. 사공이 밟고 있는 뗏목은 한자에서 '배 주(舟)'의 형태로 살아남았고, 삿대와 손에는 물(氵)을 더해 '나루 진(津)'이 되었어. 옛날에는 다리가 거의 없었기 때문에 나룻배를 타고 강을 건넜어. 지금은 볼 수 없지만 나룻배가 있는 나루터도 많았어. 옛날에 나루터였던 곳은 지명에 흔적이 남았지. 서울만 해도 양화진, 노량진, 광진(광나루)과 같은 이름이 붙은 곳은 모두 나루터가 있던 곳이거든.

이 글자엔 왜 '물'이 들어갔을까

물이 들어간 글자가 많은 것은 물이 너무나 중요한 것이기 때문이라고 했어. 한자에는 물이 자주 등장하는 만큼 그 형태 또한 다양해. 가장 흔한 것이 '水'와 '氵'이지만 위치에 따라 '氺'로 쓰인 것도 꽤 되고, '冫'이나 '川'도 물이라 봐도 좋을 것 같아. 그렇지만 '이 글자는 물하고 무슨 관계가 있을까?' 하는 아리송한 느낌이 드는 것도 꽤 있어. 그중에서 자주 볼 수 있는 한자 몇 개만 소개할게.

活 살 활

이 한자는 생활(生活), 활동(活動), 활력(活力), 쾌활(快活), 활발(活潑), 활성(活性) 등 일상적인 단어에 두루 쓰는 글자야. 대체 물과 무슨 관련이 있는 걸까? 모든 생명은 물이 없으면 안 되니 '활(活)'이 '살아 있다'라는 뜻이 되었다고 하면 고개가 끄덕여지긴 한데, '혀(舌)'는 도대체 왜 들어가 있을까? 혀는 소리를 낼 수 있게 돕는 기관이니까 물이 내는 소리를 떠올려 보자. 폭포가 떨어지는 소리, 비가 오는 소리, 파도 소리 등 여러 가지가 떠오르지? 물의 재잘거림은 자갈이 많은 시냇물이 활기차게 흘러가는 소리일 거고, 겨울이 가고 봄이 와서 산에 눈이 녹아 흐르는 소리는 봄날의 시냇물 소리일 거야. 그 소리를 떠올리면 '활(活)'이 왜 '살아 있음'을 나타내는지 금세 느낌이 오지 않아?

法 법법

'법(法)'이라 하면 나라에서 정해 지켜야 하는 법률을 뜻하기도 하지만, 일을 하는 방법을 이르기도 하고, 또 종교적인 뜻도 있는 아주 쓰임이 많은 글자야. 이 글자는 물(氵)과 '가다'라는 뜻인 '거(去)'로 이루어져 있지. 물이 가는 것과 '법'이 무슨 관계가 있을까? 어떤 사람은 '물은 낮은 곳으로만 흐르기 때문에, 이치에 맞는 것이 법'이라 해석하던데 조금 억지스러운 거 같지 않아?

사실 이 글자는 해치의 모습에서 시작했어. 광화문 앞에 있는 돌로 만든 해치상 본 적 있어? '해치(獬豸)'는 전설의 동물로 선악을 구분한다고 하지. 그러니까 이 글자에는 바로 해치가 못된 짓을 하는 사람은 쫓아내 물에 빠뜨린다는 뜻이 담겨 있어. 요즘으로 치면 재판이라고 할 수 있겠다. 다만 동물 모양을 전부 그리자니 번거로워 해치를 생략하고 지금의 모양이 되었어. 뜻은 변함이 없고 말이야.

油 기름 유

물과 기름은 성질은 전혀 다르지만 기름도 액체란 걸 표현하기 위해 '기름 유(油)'에 '물 수(氵)'를 붙였어. 지금이야 기름이 흔하지만 옛날에는 기름을 짜는 방법이 서툴렀기에 무척이나 귀한 것이었어. 음식에 넣는 기름도 소중했지만 밤에 등잔불을 밝히는 기름은 정말 귀했다고 해.

遊 놀 유

바다나 호수에서 구경하기 위해 타는 배를 '유람선(遊覽船)'이라 하지? 여기에 나오는 글자 '놀 유(遊)'를 소개할게. 이 글자에서 '아들 자(子)'는 그냥 아이들이 아니라 신분이 높은 사람의 아이들이야. 옆에 있는 것은 원래 깃발이었는데 모양이 변해서 '방(方)'이 되어 버렸지. 그렇다면 글자에는 신분이 높은 집안의 아이들을 데리고 공부를 시킨다는 뜻이 담겨 있겠다. 아이들은 깃발을 따라다니며 무엇을 배웠을까? 이때 공부는 수레를 몰고 활을 쏘고 군대를 지휘하는 방법을 배우는 거였어. 여러 곳을 돌면서 글쓰기나 제사를 지내는 법도 배웠을 거야. 그래서 돌아다닌다는 뜻의 '착(辶)'을 붙였어. 대신 물을 뜻하는 '삼수변(氵)'를 붙여서 '유(游)'라고 써도 돼. 이 글자는 본래 '헤엄치다'라는 뜻이었지만 점차 돌아다니며 노는 것으로 뜻이 변했어. 공부하다 놀고 싶은 마음으로 변하는 건 예나 지금이나 마찬가지인가 봐.

4장. 가족이 모여 더 큰 사회로

　벌이나 개미 같은 동물은 사회를 구성하여 집단생활을 하는 걸로 알려져 있어. 벌은 여왕벌을 중심으로 한집에 모여 살면서 각자 맡은 역할을 해내지. 개미 역시 여왕개미를 중심으로 수많은 개미가 역할을 나누어 사회를 이루고 살아. 그뿐만 아니라 양이나 사슴, 늑대, 코끼리, 들소, 철새, 원숭이나 침팬지 등도 무리를 지어 사는데, 이렇게 살아가는 동물들은 서로 관계를 유지하기 위해 나름의 규칙이 있지. 이런 걸 사회생활이라고 해.

　인간 역시 사회적인 동물이야. 하지만 동물이 모여 사는 것과 사람이 모여 사는 방식은 조금 달라. 그저 무리를 이루고 역할을 나누는 것에 그치지 않거든. 아주 촘촘하고 친밀한 가족 관계가 있는가 하면 조금 거리가 있는 이웃이 존재하기도 해. 더 큰 지역 사회나 나라를 이루어 살기도 하고 나라나 이웃끼리 교류하기도 하지. 나라끼리 무역을 하거나 서로 도움을 주며 발전하고, 적으로 여기는 나라가 있어 경계하기도 해. 나라끼리만 그러는 게 아니라 사람과 사람끼리도 가족, 친척, 동네 이웃, 친구 등 수많은 관계를 맺으며 하나의 큰 사회를 만들어 내.

　사회생활은 집에서부터 시작돼. 지금은 가족 구성원이 얼마 되지 않지만, 예전에는 할머니, 할아버지부터 손자들까지 여러 식구가 한 지붕 밑에서 살았지. 덕분에 가족 구성원은 부모의 역할, 할머니와 할아버지의 역할, 형, 누나, 동생 등 형제들의 역할 등 다양한 역할과 관계를 경험할 수 있었어. 지금도 마찬가지로 다양한 가족 구성원이 있지만 대부분 핵가족이기 때문에 한

집에서 넓은 관계를 경험하긴 어려워졌어.

　사회가 점점 더 커지기 시작한 것은 신석기 시대에 농사가 시작된 다음부터야. 사냥을 하고 열매를 따 먹던 시절의 사회는 그리 크지 않았지. 기껏해야 가족과 친인척인 수십 명에서 백여 명 정도의 규모였을 거야. 그러던 것이 농사를 시작하면서 인구가 늘어 마을이 생기고, 마을이 모여서 나라가 되었지.

　곳곳에 생긴 작은 나라들은 다양한 이유로 교류를 했어. 같은 성씨끼리 결혼을 하지 않는 풍습 때문에 이웃 마을이나 이웃 나라에서 짝을 찾아 혼인을 하며 교류하기도 했지. 당시에는 한 마을에 같은 성씨끼리 모여 사는 경우가 많았거든. 사람만 오고 간 것이 아니고 물건도 사고팔았을 것이니, 화폐를 만들어 물건의 가치를 공유하기도 했을 거야. 그런가 하면 높은 성을 쌓아 나라의 경계를 짓고 전쟁도 했고, 다른 나라를 정복하면서 규모를 키우는 나라도 있었어. 한자는 커다란 사회의 변동을 겪고 탄생한 글자이니, 한자를 살펴보면 그 시대의 이야기가 어떻게 담겨 있나 알 수 있을 거야.

1) 가족을 이루다

두 사람이 결혼을 하여 부부가 되면 부부를 중심으로 한 가족이 형성돼. 그 사이에서 아이가 태어나면 그들은 부모가 되지. 그리고 자식을 낳을수록 가족 구성원이 늘어나. 가족의 개념을 좁게 보면 부부와 자식까지겠지만, 부부의 형제자매와 부모, 그 부모의 형제자매까지 생각하면 훨씬 더 넓어지지. 아주 오래 전에는 한 가정에서 아이를 열 명씩 낳기도 해서 가족의 수가 무척이나 많았어. 게다가 보통은 할아버지, 할머니까지 함께 살아 대가족을 이루었지. 부모의 형제자매까지 합치면 친척 관계도 무척이나 복잡했고 수도 많았어. 한 마을에 사는 사람들이 모두 친척인 경우도 있었으니 말이야.

夫 지아비 부   婦 며느리 부

지아비 부
금문

며느리 부
금문

부부(夫婦)는 결혼을 해서 남편과 아내 사이가 된 사람들을 부르는 말이야. '부(夫)'는 '큰 대(大)' 위에 가로로 막대가 하나 더 있는 모양이야. '대(大)'는 신분이 높은 사람을 뜻했으니, 이러한 사람이 머리를 틀어 올려 막대로 고정했다는 것이지. 텔레비전에서 사극을 보면, 총각 때 머리를 길게 늘어뜨리고 다니다 장가가면 상투를 틀어 올렸잖아. 그것과 마찬가지지. '부(婦)'의 옛 글자를 보면 왼쪽은 엄마의 젖가슴을 뜻하는 거야. 지금은 '여자 여(女)'로 쓰지만 '어미 모(母)'와도 같이 쓸 수 있는 글자지. 오른쪽에 있는 건 제사에 쓰는 중요한 도구라고 해. 그러니 신에게 제사를 올리는 일을 맡은 대단한 어머니라 할 수 있어. 지금부터 5천 년도 더 전에는 전쟁은 남자가 치르고 제사는 여자가 치렀던 모양이야.

父 아비 부   子 아들 자

아비 부
금문

아들 자
금문

이 두 글자는 옛 글자에서 머리를 유심히 봐 줘. '아비 부(父)'의 머리는 높다랗게 불꽃처럼 솟아올라 있고 '아들 자(子)'의 머리는 크고 둥글지. 아이들은 몸에 비해 머리가 크니까 그렇다 해도 솟아오른 머리는 무엇일까? 머리카락은 아닐 거고 지위를 표시하는 모자가 아닐까? 여하튼 이 두 글자 모두 지위가 높은 사람임은 틀림없어. 머리도 그렇지만 팔과 다리 모양도 예사롭지는 않지. 손에도 무슨 동작 같은 게 느껴지고, 한 가닥으로 그린 발 또한 신비한 느낌이 들지 않아? 아마 이건 춤을 추는 동작이 아닐까 하는 생각이 들어. 지금은 춤이라 하면 놀이나 예술로 여기지만, 이때 춤은 신성한 행위에 가까웠어. 제사나 중요한 행사에서 신을 불러오고, 그들에게 뜻을 전하기 위한 거였지. 그러니까 고귀한 사람은 춤을 출 줄 알아야 했을 거야.

兄 맏형   弟 아우제

맏형 금문   아우제 금문

지금은 '형(兄)'이란 말을 자기보다 나이가 많은 남자를 부를 때 주로 쓰고 있지만, 원래는 한 가족 안에서 맏이에게만 쓰던 말이었어. 그러니까 한 가정의 장남에게 그 집 아우들이 쓰던 말이었지. 오늘날에도 주로 장남이 제사를 맡듯 '형(兄)'이 맏이라고 해서 집안의 모든 것을 이어받는 관습은 3천여 년 전 중국 고대 국가인 주나라 시대부터 지금까지 이어졌어. 그렇다고 모든 나라에서 그랬던 건 아니야. 가장인 아버지가 죽으면 아버지의 동생이 가장이 되기도 했고, 맏이와 그 밑의 동생뿐 아니라 아들과 딸을 차별하지 않는 곳도 많았어.

'형(兄)'은 옛 글자에서 머리 모양만 '입 구(口)'로 바뀌었어. 자식들 가운데 그래도 맏이가 아우들을 대표해 이야기를 한다는 것 같지 않아? 그렇다면 누구에게 말하는 걸까? 부모님? 아마 조상신에게 이야기하는 걸 거야. 이때는 제사가 가장 중요한 행사였으니 그렇겠지. 그리고 이렇게 맏이가 대표해서 조상에게 이야기하는 제사의 풍습이 있는 나라에서는 아마도 맏이가 모든 것을 이어받았을 거야.

그렇다면 '제(弟)'는 무엇일까? 옛 글자는 막대기에 끈을 감은 모양이야. 잘 보면 막대기가 끈 때문에 사다리처럼 칸칸이 나누어지지. 예전에는 자식을 많이 낳았으니까 첫째, 둘째, 셋째 등 자식들 순서가 사다리 칸처럼 느껴진 모양이야. 이 글자 위에 '대 죽(竹)'을 얹으면 '제(第)'가 되는데, 이건 대나무 마디가 줄줄이 있는 것처럼 순서를 뜻해. 그래서 '제10회'같이 차례를 나타낼 때 자주 쓰여.

姉 윗누이 자 妹 누이 매

윗누이 자 금문

이 글자들은 모두 여자를 뜻하는 글자가 왼쪽에 자리하고 있어서 여자 형제를 가리키는 말이라는 건 한눈에 알 수 있어. 옛 글자를 보면 '윗누이 자(姉)'는 '며느리 부(婦)'와 비슷하게 생겼어. 막대기 끝에 있는 풀 가닥이 하나만 있을 뿐이지. 이건 아마 갓 시집 온 며느리를 뜻하는 글자였을 거야. 며느리도 제사에 대한 권리는 있겠지만, 아직 어려 시어머니 곁에서 돕는 정도겠지. '매(妹)'의 오른쪽에는 새로 나는 가지를 뜻하는 '미(未)'가 있어. 그러니까 '매(妹)'는 아직 결혼하기에는 어린 여자아이를 뜻하는 말이었지.

姓 성씨 성

성씨 성 갑골문

우리 이름 앞에는 '성(姓)'이 붙어 있고, 대체로 아버지 성을 따라. 하지만 아주 옛날엔 꼭 그렇지만도 않았어. 주로 사냥을 하고 열매를 따 먹던 시절에는 오히려 엄마 쪽이 먼저인 경우가 더 많았지. 이런 걸 '모계 사회(母系社會)'라 하는데 지금도 이런 사회들이 남아 있어. 우리나라도 장가간 남자가 신부의 집에서 몇 년을 살아야 하는 '데릴사위 제도'가 있었기에 예전에는 모계 사회였을 것이라고 짐작하기도 하지. '성(姓)'의 옛 글자를 보면 여자가 꿇어앉아 풀포기를 보살피는 모습이지. 풀이 씨앗으로 번성하듯이 아이들을 낳아 가족을 이어간다고 생각했을 거야. 그러다 전쟁이 일상이 되고 난 뒤에 아버지가 가족의 중심이 되었고, '성(姓)'도 아버지 것을 따르게 되었지.

실로 잇듯 인연을 맺다

지금은 공장에서 기계가 옷감을 짜서 옷을 대량으로 만들기 때문에, 옷 종류도 많고 쉽게 살 수 있어. 하지만 예전에는 실을 만들고 옷감을 짜는 일 전부를 사람 손으로 해야 했기에 실과 옷은 아주 귀한 물건이었지. 그래서 아주 부자가 아니었다면 일생에 몇 벌 안 되는 옷으로 살아가야 했어. 옷감의 재료도 베와 모시, 비단이나 동물의 가죽이 전부였지. 옷을 안 입고 살아갈 수 없으니 실을 만들고, 옷감을 짜는 일은 곡식을 키우는 농사일만큼 중요한 것이었단다. 귀하고 중요한 일이라고 여겨 나라에서 장려할 정도였으니까. 그렇기 때문에 결혼을 하거나 행사를 치를 때에는 옷을 새로 지어야 했어.

옷을 짓기 위해서는 실로 짠 천도 있어야 하지만, 천과 천을 잇댈 실을 바늘에 꿰어 꿰매야 했겠지. 이렇게 실로 잇는다는 과정이 사람 사이의 관계나 세상의 이치하고 자연스럽게 연결되기도 했기에 실(絲)이 들어간 글자들은 추상적인 글자에도 쓰이게 되었지. 가령 실이 없는 세상은 얼마나 불편할까 생각해 봐. 옷만 아니라 실로 묶어 두는 게 많잖아. 단추도 실로 매달고, 상처가 난 곳이나 책도 실로 꿰매지. 말하자면 실은 모든 것을 연결하는 일을 대표하게 된 거지.

結 맺을 결

結
맺을 결
금문대전

이 글자에서 왼쪽 부분은 실을 뜻하는 '사(絲)'에서 나왔어. '사(糸)'는 옛날 실 꾸러미 모양에서 나온 글자야. 인간이 농사를 지으면서 삼을 기르거나, 누에를 키워 실을 만들고 그것으로 옷감을 짰어. '맺을 결(結)'의 오른쪽 글자는 '길(吉)'인데 '좋다' 또는 '아름답다'라는 뜻으로 쓰여. 매듭을 잘 '맺어' 실이 옷감이 되는 일이 '좋아서' 그런지 두 글자를 합쳐서 '맺는다'라는 뜻이 되었어. 부부의 연을 맺는 결혼(結婚)에도 이 글자가 쓰이지.

絶 끊을 절

끊을 절
갑골문

끊을 절
금문

실은 필요에 따라 잇기도 하고 자를 수도 있어야 해. 옷감을 짜다 모자라면 이어서 써야 하고 남으면 끊어야 하는 거지. '절(絶)'이라는 글자가 바로 실을 끊는다는 뜻이야. 옛 글자를 보면 끊는다는 뜻을 나타내기 위해서 실 꾸러미에 선을 긋거나, 칼을 그려 넣었어.

繼 이을 계

이 글자만큼 실 꾸러미 수가 많이 들어간 글자는 없어. 아마 이 글자는 한 가지 모양이 가장 많이 들어간 글자일 거야. 한 글자에 실 꾸러미가 무려 다섯 개나 들어 있으니 말이야. 오른쪽의 칸 안에 있는 글자는 '사(糸)'와 모양이 조금 다르지만 역시 실 꾸러미를 뜻해. 긴 천을 짜려면 실들을 서로 이어서 길게 해야 하거든. 그래서 실 꾸러미들이 서로 이어지고 있다는 뜻을 표현 하느라 이렇게 많은 실 꾸러미가 글자에 들어 있는 거야.

絡 이을 락

친구들과 헤어질 때 "또 연락해."라고 말하잖아. 물론 요즘 연락이야 전화나 문자로 하겠지만, 예전에는 이런 연락은 가서 직접 이야기하거나 글이나 말로 사람을 시켜 보내야 하는 일이었지. '이을 락(絡)'에서 '실 사(糸)'의 오른쪽에 있는 건 사람의 발을 나타내는 글자(夂)와 도성을 뜻하는 구(口)가 합쳐진 것이야. 그러니 사람을 보내 말을 전하거나 글을 주고받으며 잇는다는 말이 된 거지.

編 엮을 편

실로 잇는 것은 옷만이 아니지. 가령 돗자리나 대나무 발과 같은 것들도 자세히 보면 실로 엮어 만든 것이잖아. 그래서 이렇게 엮어서 만드는 일을 뜻하는 글자에도 실이 들어가 있지. 종이가 발명되기 이전에는 글을 길쭉한 나뭇가지나 대나무에 썼기에 이것들을 엮어서 책을 만들었지. 지금도 책 만드는 일을 '편집(編輯)'이라고 해. 책을 만드는 일도 실로 옷을 꼬매듯이 글을 이어야 하니까 실이 필요하다고 생각할 수 있겠지.

2) 울타리를 치고 집을 짓다

옛날 사람들은 집에서 어떻게 보냈을까? 오늘날과 사는 방식이 완전히 달랐던 건 아니야. 집에서 밥도 해 먹고 잠도 자고 손님이 찾아오기도 하고 하는 그런 평범한 일상이었어.

물론 다른 점도 많았어. 가령 밥을 해 먹을 때 사용한 불은 요즘과는 많이 달랐겠지. 요즘이야 가스나 전기로 밥을 짓거나 음식을 하지만 예전에는 나무를 쓸 수밖에 없었겠지. 나무를 이용해 불을 피워 밥을 했기 때문에 굴뚝이 꼭 있었어. 그리고 지금은 집이 사람만 사는 공간이라고 여기지만, 옛날에는 집에 산 사람과 함께 죽은 조상들의 영혼도 같이 산다고 생각했어. 집에 관한 글자들에 어떤 뜻이 있는지 하나씩 살펴보다 보면 옛사람들의 이러한 생활 방식과 생각을 엿볼 수 있을 거야.

家 집가

집가
갑골문

아마 이 글자는 '클 대(大)', '사람 인(人)'만큼이나 자주 보는 한자라 모르는 사람이 별로 없을 거야. 쓰지는 못해도 읽을 줄은 아는 글자라는 뜻이지. 가족(家族), 가정(家庭), 국가(國家) 등 '집 가(家)'가 들어가는 단어가 참 많지.

하지만 글자를 자세히 보면 고개를 갸웃하게 돼. 지붕 밑에서 사는 건 사람이 아니라 돼지를 뜻하는 '시(豕)'거든. 왜 사람이 아니라 돼지를 그려 넣었지? 이 얘기에 대해선 여러 추측이 있지. 옛날에는 사람과 돼지와 같이 살았다는 이야기부터, 돼지를 잡아 제사를 지내고 집을 지었기 때문이라는 얘기까지 있어. 물론 돼지와 함께 사는 농가도 있을 수 있고 돼지를 잡아 제사를 지냈을 수는 있지만, 그래도 돼지만 집 안에 그려 둔 건 무척 궁금해.

아마도 '가(家)'는 전에는 다른 뜻이었을 거야. 가령 제물로 바쳐야 하는 돼지를 가두어 두던 집이었을 수도 있겠지. 그런데 무슨 이유에서인가 이 집에 사람들이 들어가 살면서 '사람의 집'이라고 뜻이 변했을 수도 있지. 아니면 이때는 자식을 많이 낳는 것을 좋아했으니 돼지처럼 아이들을 많이 낳고 지내라는 뜻은 아니었을까? 여러 가지를 상상해 볼 수 있는 재미있는 글자야.

宇 집우 宙 집주

두 글자 모두 지붕과 벽이 있는 집(宀)이 있고 집 안에는 각각 '우(于)'와 '유(由)'가 있어. 이 둘은 원래는 대나무로 만든 관악기들을 가리켰어. 그 모양이 지붕 기와를 받쳐 주는 들보와 서까래 모양을 닮아서 '집'이라는 글자가 된 게 아닌가 싶어. 이 한자 둘을 합치면 '우주(宇宙)'가 돼. 우주는 지구 밖의 세상을 말하는 거잖아. '집'을 뜻하는 글자 둘을 합치니 '지구 밖'이라는 게 말이 되나? 엄격하게 말하자면 지붕 바깥의 대기권과 성층권을 지나야 우주라고 할 수 있지만, 우주를 이 세상을 덮는 지붕이라고 생각해서 이 글자들을 활용한 건 아닐까. 이것도 꽤나 멋진 해석 같지 않니?

宅 집택

이 한자가 들어간 단어 중에 요즘 가장 많이 쓰인 말은 '택배(宅配)'일 거야. 택배는 '집(宅)까지 배달(配)한다'는 뜻이지. 그러고 보면 집을 가리키는 글자가 참 여럿이구나. 그만큼 인간의 삶에 집이 중요하다는 걸 거야.

요즘이야 대개 쇠나 콘크리트로 기둥을 세우고 집을 짓지만, 예전에는 나무로 짜 맞춰 기둥을 세우고 지붕을 덮었지. 맨 마지막 과정이 지붕을 떠받칠 대들보를 얹는 일인데, 이걸 얹고 나면 집짓기는 거의 끝나는 셈이었어. 바로 '택(宅)'은 이 대들보를 얹는 일을 표현한 거야.

室 집실

집 실
금문

'실(室)'은 집이라고 하지만 실제는 집보다는 '큰 방'이란 뜻으로 많이 쓰여. 옛 글자에서 집 안에 있는 건 도끼와 그 위의 둥그런 매듭이야. 아마도 도끼를 손에서 놓고 있다는 거겠지. 전쟁을 마치고 무기를 손에서 놓은 다음은 잠을 자겠지? 그러니 옛날에는 잠을 자던 큰 방을 뜻하던 글자였던 거지.

廚 부엌 주

부엌 주
금문

부엌은 온갖 먹을 것들을 만들어 내는 요술과 같은 곳이지. 예전에는 나무를 때서 음식을 익히니 매캐한 연기가 자욱해서 눈도 따갑고 숨도 쉴 수 없었지. 부엌을 뜻하는 '주(廚)'라는 글자를 보면 그때 사정을 알 수 있어. 한쪽 벽이 없는 건 연기가 쉽게 빠져나가게 하려는 거야. 벽이 아예 없으면 바람 때문에 불이 확 붙을 수도 있으니까. 한쪽 벽은 남겨 둔 거지. 그리고 그 안에는 솥과 솥에 든 음식과 조리하는 손(寸)이 그려져 있어. 요즘도 부엌을 주방(廚房)이라 하는 건 이런 부엌을 그린 글자가 있어서야.

座 앉을 좌

앉을 좌
금문대전

버스를 타면 '좌석(座席)'에 앉는다고 하잖아. 한자를 그대로 풀면 '좌석'은 '앉을 수 있게 마련된 자리'가 되지. '앉을 좌(座)'의 옛 글자를 보자. 건물 안에 두 사람이 앉아 있어. 집에 손님이 오면 함께 자리에 앉아서 정답게 이야기를 나누지. 방석을 놓아 손님이 앉을 자리를 마련했으니 '자리'를 뜻하는 글자가 된 거야.

宗 마루 종

한자를 만들던 사람들은 조상신이 하늘에서 자신들을 보호해 주고 잘되게 해 준다고 믿었어. 그리고 무슨 큰일이 있을 때 점을 치면 조상신들이 대답을 해 준다고 생각했지. 그걸 표현한 글자가 바로 '보이다', '알리다'는 뜻인 '시(示)'야. 이 글자는 어떻게 보면 제물을 올린 제사상처럼 보이기도 하지. '마루 종(宗)'을 보면 집(宀) 안에 '시(示)'가 있으니 이는 조상신들이 사는 집이 돼. 귀신들이 사는 집이라고? 그렇게 이야기할 수도 있겠다. 그래서 신을 믿는다는 뜻인 '종교(宗教)'라는 단어에 이 글자를 써.

宮 집 궁

집은 집인데 나라에서 가장 큰 집은 '궁궐(宮闕)'이지. 임금이 사는 곳이니까 당연히 크겠지. '궁(宮)'은 지붕(宀)아래 큰 원이 둘 있네. 이건 큰 집이 두 채나 있다는 얘기야. 그런데 임금은 왜 집이 둘이나 필요할까? 임금의 조상신을 모실 집하고 자신이 사는 집, 이렇게 둘이 있어야 해서 그래. 서울에도 창덕궁 앞에 왕실의 신주를 모시고 제사를 지내는 종묘(宗廟)가 있잖아. 본래 조상신을 모시는 건 임금만이 할 수 있었다고 해. 그러니 큰 집이 두 채인 곳은 임금님이 사는 궁인 거지.

3) 화폐가 생겨나다

예나 지금이나 돈은 세상을 살아가는 데 중요한 것 중 하나야. 돈이 등장한 건 석기 시대에 농사를 짓고 나서부터야. 농사의 규모가 커지면서 남은 곡식과 농사에서 얻지 못하는 것을 어떻게 바꾸면 좋을지 고민하다 이웃과 필요한 것을 나누어 쓴 게 시작이야. 처음에는 단순하게 물건을 교환하는 방법으로 서로 거래를 했는데, 생산하는 물건이 다양해지면서 가치를 가늠하기 힘들어져서 화폐를 만들게 되었어.

화폐를 돈으로 사용하려면 일정한 기준이 있어야 했어. 너무 흔해도 안 되고 적절하게 귀하면서도 교환할 가치가 있어야 했어. 한자가 만들어진 곳은 내륙이어서 바다 조개가 너무나 귀했어. 그래서 조개를 돈으로 사용했지. 오늘날 금과은을 돈처럼 거래하는 것도 구하기 힘들어 높은 값으로 매겨진 거지. 여기에서는 옛날 화폐에 관한 한자를 살펴보자.

貝 조개 패

조개 패
금문

돈과 관련된 글자에는 대부분 '조개 패(貝)'가 들어가. 오늘날 사용하는 글자를 보면 조개 같은 생각이 들지 않지만 옛 글자를 보면 놀랍도록 정확하게 그렸지. 조개껍질 둘은 꽉 물려 있고 껍질을 여닫는 근육뿐 아니라 물이 드나드는 관도 묘사해 조개의 특징을 글자에 다 표현했어.

貫 꿸 관

조개껍질의 값어치가 얼마나 되었는지 지금은 가늠조차 해 볼 수 없지만, 여하튼 엄청나게 비싼 것은 아니었을 거야. 그래서 물건을 사려면 여럿을 가지고 가야 했겠지. 조개껍질 여러 개를 가지고 다니는 편리한 방법은 가운데 구멍을 내고 끈으로 꿰어 들고 다니는 거야. 그걸 표현한 글자가 꿴다는 뜻의 '관(貫)'이지. '관통(貫通)하다' 같은 말은 구멍이 뚫려 있어 통한다는 뜻 아냐? 옛 동전의 가운데를 뚫어서 쓴 것에서 시작된 말이지.

寶 보배 보

보배 보
금문

귀중한 문화재들을 '국보(國寶)'나 '보물(寶物)'로 지정해서 보호하지. 여기에도 '보배 보(寶)'가 들어가 있네. 옛날에는 무엇을 귀중히 여겼을까? 돈으로 쓰이는 조개껍질(貝)과 단단한 돌인 옥(玉)이었지. 아마 옥은 돈으로도 쓰이고 목걸이나 팔찌 같은 장신구를 만드는 데에도 사용했을 거야. 석기 시대 옥은 좋은 무기의 재료이기도 했지. 그래서일까. 옛 글자를 보면 옥과 조개껍질을 항아리에다 소중하게 간직했어. 아마 집집마다 항아리에다 중요한 것을 보관했기 때문에 생긴 글자일 거야.

賣 팔매 買 살매

물건을 사고판다는 뜻으로 '매매(賣買)'란 말을 많이 쓰잖아. 그런데 이 두 글자가 소리도 똑같고 글씨도 비슷해서 어느 게 사고, 어느 게 파는 건지 알쏭달쏭해. 다음 이야기를 듣고 나면 이 둘을 확실하게 구분할 수 있을 거야. '살 매(買)'와 '팔 매(賣)'의 차이는 꼭대기에 '사(士)'라는 글자가 하나 더 들어갔을 뿐이지. '살 매(買)'의 '망(罒)'은 그물을 뜻하는 거야. 물건을 사서 가지고 오려면 그물로 된 망태기가 필요했기 때문이겠지. '팔 매(賣)'에서 '망(罒)'은 눈이 변한 것이고 그 위의 '사(士)'는 찡그린 눈썹을 그린 거야. 왜 파는 사람이 찡그리는가 하면, 돈을 제대로 주는지 안 주는지 자세히 보기 때문이지. 이때는 물건이 귀하던 시절이라 파는 사람 목소리가 더 컸어. 그래서 사는 사람이 돈을 제대로 주는지 안 주는지 눈을 치켜뜨고 바라본 거야. 그러니 눈썹이 있으면 '물건을 판다'라는 글자라고 생각하면 돼. 이런 글자가 아주 옛날부터 있던 걸 보면, 물건을 사고파는 시장의 역사가 얼마나 오래되었는지 알 수 있어.

費 쓸비

'쓸 비(費)'는 생활 속에서 아주 많이 쓰는 글자야. 돈이 드는 일을 '비용(費用)이 든다'고 해. 우리는 버스비, 통신비, 주거비, 숙박비 등 수많은 비용을 내야 살아갈 수 있지. '쓸 비(費)'에서 조개껍질(貝) 위에 있는 건 '불(弗)'인데, 이건 나뭇가지를 끈으로 묶어 둔 걸 그린 거야. 묶은 끈을 끊어 돈을 지불한 거지.

貿 무역할 무　易 바꿀 역

무역할 무
금문

바꿀 역
금문

나라 사이에서 물건을 사고파는 걸 '무역(貿易)'이라고 해. '바꿀 무(貿)'와 '바꿀 역(易)'이니 물건을 서로 바꾸는 것이네. 자세히 보면 조개껍질(貝) 위에는 '묘(卯)'라는 글자가 자리하고 있어. 이걸 옛날 두 문짝을 걸어 잠그는 '빗장걸이'라고 하지. 그 빗장걸이는 두 문 사이를 오고 가는 것이니 물건이 오가는, 즉 물건을 서로 바꾸는 것과 뜻이 연결되잖아. 마찬가지로 '역(易)'의 옛 글자를 보면 그릇 안에 물이 들어 있어. 그릇에 따라 물의 모양이 달라진다는 의미지. 뭐, 물건을 바꾸는 것도 모양이 달라지는 거니까 의미가 맞는다고 할 수 있겠다. 이 글자는 물이 그릇에 따라 모양을 바꾸듯이 '쉽다'라는 뜻으로도 쓰이지.

賃 품삯 임

회사에 나가서 일을 하면 그 대가로 돈을 받지. 이렇게 일을 해 주고 받는 돈을 '임금(賃金)'이라고 해. 조개껍질(貝) 위에 있는 '임(任)'은 '맡기다'라는 뜻으로 솜씨 좋은 사람에게 일을 맡기는 걸 뜻하지. 그러니 일을 맡기고 그 대가를 돈으로 준다는 뜻이 되겠지. 나중에는 '세내다', '빌리다'는 뜻도 덧붙었지. '임대(賃貸)'라는 말에서 알 수 있듯 사람의 품삯만이 아니라 물건이나 집을 빌려주는 것도 뜻하게 된 거야.

貪 탐할 탐

이 글자를 보면 마치 하늘에서 돈을 향해 뭐라고 이야기를 하는 것 같아. 아마 돈을 많이 가진 사람에게 한마디 하는 거겠지. "그렇게 돈, 돈 하지 마라." 하고 야단을 치는 건 아닐까? 그래서인지 본래 '탐(貪)'은 욕심 부리지 말라는 뜻이었는데 이제는 '욕심 부리다'라는 뜻으로 변했지. 모양은 비슷하지만 뜻은 다른 글자로 '가난할 빈(貧)'이 있어. 위에 '나눌 분(分)'이 있는 걸 보니 돈을 둘로 나누면 줄어들어 가난해진다는 의미겠구나.

貯 쌓을 저

쌓을 저
갑골문

요즘에는 '저금(貯金)'을 할 때 은행에다 돈을 맡기거나 저금통에 모아 놓지? '저(貯)'의 옛 글자는 끈이 달린 상자와 그 안에 있는 돈(貝)을 나타냈어. 끈을 단 건 겉으로는 보이지 않는 곳에 숨기려 그랬겠지. 물론 집 안에만 상자를 감춘 건 아닐 거야. 항아리에 담아 흙에 파묻기도 했겠지. 이 한자는 돈을 쌓는다는 말로만 쓰이지는 않았어. 물을 모아 두는 연못을 가리키는 '저수지(貯水池)'에도 쓰이지.

5장. 국가의 탄생

　지금부터 자기가 사는 동네를 둘러보자. 우리 집이 있고, 우리 집을 중심으로 다른 집들이 모여 동네를 이뤄. 동네가 모여 구(區)나 시(市)가 되고 그것보다 더 큰 도시는 특별시, 광역시가 되기도 해. 시가 모여 도가 되고, 도가 모여 대한민국이란 나라가 되었구나.
　이렇게 복잡한 사회를 이루게 된 건 인류가 정착 생활을 한 이후야. 농사를 지으면서 작은 땅에서 나는 곡식으로도 많은 사람이 먹고 살 수 있게 되어 인구가 늘었지. 인구가 늘어나니 부족이 커지면서 차츰 이웃 부족과 다툼이 생기기도 했어. 재산이 많아지면 늘 싸움이 나게 마련이거든. 전쟁에서 지는 쪽은 모든 것을 빼앗기고, 목숨을 잃거나 잡혀가야 했어. 사람들은 스스로를 보호하기 위해 무기를 들고 싸우고, 적을 막기 위해 성벽을 쌓아 울타리를 쳐야 했어. 그러다 보니 경계가 생기고 국가를 이룬 거야. 그 무리의 우두머리가 왕이 되기도 했어.
　그때는 지금처럼 나라의 규모가 크지 않았어. 작은 마을 규모로 고작 몇천 명이 성 하나에 모여 사는 나라도 있었지. 그러던 것이 전쟁을 치르면서 달라져. 힘센 나라가 작은 나라를 정복해 갔어. 여러 국가와 왕조가 탄생하고 몰락하는 과정을 반복하면서 전쟁은 피할 수 없는 일이 되었어. 죽고 죽여야 하는 전쟁은 예나 지금이나 정말 비참하지. 전쟁에서 진 나라의 백성들은 다행으로 목숨을 건졌다 할지라도 노예가 되어 비참한 생활을 해야 했어. 가족이 죽거나 다치는 경우도 많았고 집과 재산을 잃고 떠돌이 신세가 되는 건 예삿일이었어.

　전쟁으로 작은 나라를 삼킨 큰 나라는 작은 나라의 백성들을 노예로 부려 경제적, 문화적, 기술적으로 성장해 더 큰 나라가 되기도 했어. 이렇게 커진 나라 주변에 있는 작은 나라들은 나름대로 자신의 역할을 찾아 살아남고자 했어. 부강한 나라 편에 서서 그 나라에 복종하기도 하고, 무역을 통해 경제적, 정치적 교류를 하며 살아남고자 하는 나라도 있었어.

　각 나라들은 전쟁에 이기기 위해 좋은 신무기를 만들고, 수레도 개량하여 짐을 더 많이 더 멀리 싣고 가려 했고, 화살도 더 강하고 멀리 나갈 수 있게 기술을 발달시켰지. 나라와 나라가 분리되고 합쳐지는 과정 속에서 문화와 기술도 섞이고 발전해 가기도 했어. 그렇다고 하더라도 모든 걸 파괴하는 전쟁은 다시 일어나서는 안 될 일이지. 인간의 욕심에서 시작된 가장 비극적인 일인 건 틀림없어.

1) 마을이 성장하고 도시 국가가 탄생하다

마을이 커진 것은 농사를 짓기 시작하면서부터라고 했지? 농사가 고되기는 해도 먹을 수 있는 식량이 늘어 인구도 따라 늘고 말이야. 인구가 늘어 자연스럽게 부족을 이루게 되었고 부족을 이끄는 부족장도 생겨났어. 그러다 이웃과 다툼이 생겨 스스로 보호하기 위해 무기를 들고 싸우고, 적을 막기 위해 성벽도 쌓고 하면서 점차 나라가 생기고 왕도 있게 된 거지.

한자를 만들어 쓰던 시대가 바로 이런 시기였기에 글자에도 이 시대 역사가 배어 있어. 외적의 침략을 받게 되면, 성을 쌓고 밖에서 농사를 짓던 사람까지

성안에 들어가 문을 걸어 잠그고 싸우지. 그러다 적이 물러가면 다시 농사를 짓고. 그때 나라들은 큰 나라는 아니야. 작은 마을처럼 고작 몇 천 명이 나라인 경우도 있었지. 그러던 것이 전쟁을 치르면서 힘센 나라들이 작은 나라들을 정복해서 점차 큰 나라가 됐어. 그래서 사람들이 많이 모여 사는 곳을 중심으로 큰 도읍도 만들어지고, 또 큰 나라가 주변을 다스리기도 했어. 그래서 작은 시골 마을부터 높은 성을 쌓은 큰 도읍까지 여러 가지 형태의 마을과 도시들이 생겨났지.

里 마을 리

농사를 짓는 마을이라면 밭이 있어야 해. '리(里)'는 농사지을 땅을 나타내는 글자야. 그러고 보니 '밭 전(田)'과 '흙 토(土)'가 합쳐져 있네. 밭에 기름진 흙이 있어야 농사를 잘 지을 수 있으니 만들어진 글자야. '리(里)'는 농사를 짓는 마을이라는 뜻이 처음부터 있었던 것 같아. 우리나라에서도 '리(里)'는 시골 마을의 이름으로 쓰이고 있지. 오래전부터 사용된 글자지만 오늘날에도 농사짓는 마을을 부르기에 딱 맞는 이름인 거 같지 않아?

邑 고을 읍

옛날에도 사람들이 많이 모여 사는 큰 고을들이 있었어. 물론 요즘처럼 고층 빌딩과 자동차가 많은 도시는 아니었겠지만 말이야. 도시에는 왕(王)이나 씨족의 우두머리인 '군(君)'이 살았기 때문에 그들을 따르는 사람들까지 늘 북적였어. 이런 큰 고을을 당시에는 '읍(邑)'이라 불렀지.

郡 고을 군

'고을 군(郡)'은 '가평군'이나 '홍천군'처럼 행정 구역 이름에서 볼 수 있는 글자야. 지금은 그리 크지 않은 행정 구역에 쓰고 있지만 옛 중국에서는 '군(郡)'이 상당히 큰 고장을 가리키는 이름으로 쓰였지.

'군(郡)'이란 글자는 '임금 군(君)'과 '부(阝)'가 합친 것인데, '군(君)'은 붓을 잡고 무언가 쓰고 있는 우두머리를 가리켜. 그리고 '부(阝)'는 왼쪽에 올 때는 대체로 '언덕'을 뜻하지만, 오른쪽에 올 때는 '고을 읍(邑)'을 줄여서 쓴 거야.

중국 진나라 때 시황제가 실시한 제도 중에 '군현 제도'라는 행정 제도가 있어. 그전까지는 지방마다 어느 정도 권한이 있었는데 시황제는 중앙에서 확실하게 지방을 다스리길 원했지. 그래서 전국을 군(郡)으로 가르고 이를 다시 현(縣)으로 갈라 중앙에서 지방으로 관리를 파견하기로 해. 이게 군현 제도야. 우리나라는 신라가 당나라와 함께 고구려와 백제를 멸망시키던 그때부터 군현 제도가 활성화됐어.

邱 언덕 구

언덕 구 갑골문

'구(丘)'는 보통 언덕을 말하는데, 산 사이에 푹 꺼진 분지를 뜻하기도 해. '산(山)'이 봉우리 셋이 이어 붙어 있는 모습이라면 옛 글자에서 보이듯 '구(丘)'에는 봉우리가 둘만 있지. '구(丘)'도 그 봉우리 사이의 푹 꺼진 땅을 표현한 거야. '대구(大邱)'라는 도시 이름에도 이 글자가 쓰였어. '구(丘)'에 '읍(邑)'을 뜻하는 '부(阝)'를 붙였으니 분지에 있는 큰 도시라는 뜻이겠구나. 분지는 산이나 봉우리로 둘러싸여 움푹하지만 평평한 땅을 말하지. 그러니 지형에 걸맞는 이름을 붙였지 뭐야.

都 도읍 도

도읍 도
금문

옛날에 도시는 '읍(邑)'이라 불렀고, 그 가운데 큰 도시는 '대읍(大邑)'이라 했어. '도시'란 말은 없었지. '도시'는 영어 '시티(City)'번역하면서 새로 생긴 말이야.

'도(都)'는 '놈 자(者)'와 '고을 읍(邑)'을 합친 글자야. 옛 글자 모양을 보자. '자(者)'에 해당되는 왼쪽 부분은 솥 위에 나뭇가지를 놓고 불을 피워 밥을 해 먹는 모습이야. 솥 위에서 불을 피우는 건 야외에서 화덕 만들기가 어려울 때 사용하는 방법이었어. 그러니 일정한 거주지 없이 나돌며 밖에서 밥해 먹는 사람을 무시해 부르던 글자인지도 몰라. 여하튼 '자(者)'는 '놈'이라고 사람을 천히 부르는 뜻도 있고, 물건이나 '곳'이란 장소의 뜻도 있고, '여럿'이란 뜻으로 쓰이기도 해. 그래서 도읍이란 '사람들이 많이 모인 큰 고을'이라고 글자로 이야기하고 있는 거야.

市 저자 시

저자 시
금문

'시(市)'는 '부산시(釜山市)', '대전시(大田市)'처럼 도시 이름에 쓰이기 때문에 처음부터 도시를 뜻했을 거라고 생각하는 사람이 많지만 200년 전에는 시장이라는 뜻만 있었어. 이건 '시장(市場)'처럼 저자, 그러니까 물건을 사고파는 곳을 뜻하는 글자야. 이 글자의 옛 글자는 '혜(兮)'와 '지(止)'를 합쳐 놓은 모양을 하고 있는데, '혜(兮)'는 '막대를 세워 놓은 곳'이란 뜻이고 '지(止)'는 '발걸음을 멈춘다'는 뜻이야. 그러니까 큰 고을의 넓은 빈터에 막대를 세워 놓으면 사람들이 모여드는 곳이었다는 얘기지. 그렇게 모여서 물건과 돈을 바꾸기 시작했을 거고, 결국은 사고파는 장소가 되었겠지. 시장이 커다란 고을에 있을 수밖에 없었던 이유는 거래가 이루어지려면 우선 사람들이 많아야 하기 때문이야. 파는 사람도 사는 사람도 많아야 서로 원하는 걸 쉽게 얻을 수 있으니까.

建 세울 건

세울 건
금문

이 글자는 '건설(建設)'이나 '건축(建築)'처럼 집을 짓거나 다리를 세울 때 쓰여. 옛 글자는 흙과 같은 재료들이 곁에 있고, 붓을 들어 어떻게 만들 건가를 쓰고 있는 모습을 표현했어. 바로 설계하는 모습이 이 글자에 담긴 거지.

成 이룰 성

전쟁에서 적을 막는 방법 가운데 성을 쌓는 건 기본이었어. 적이 쳐들어오면 주위에서 농사를 짓던 마을 사람들은 임금이 사는 도읍에 모여 높은 성벽에 기대어 적을 막았지. 나라가 커서 '읍(邑)'이 여럿 있다면 읍마다 성을 쌓고 성 주변 백성들이 그곳에 몸을 피했지. 그러면 적군은 사다리나 장비를 가지고 성벽을 넘어서려 애를 쓰며 전쟁을 시작했어. 이때 성벽은 수만 명의 병사 역할을 했지. 병사가 얼마 없다면 성이라도 쌓아 적을 막아 내는 것이 살아남기 위해서 꼭 필요한 일이었을 거야. 성을 돌로 쌓는 것이 가장 튼튼하겠지만, 그러려면 사람도 많이 필요하고 시간도 오래 걸리지. 그래서 대부분 흙을 다져 가며 쌓았어. 성벽을 쌓는 일은 당시로는 가장 큰 공사였으니 성(成)이 '이루다'라는 뜻으로 쓰인 거야. 그 대신 건축물을 나타내는 성은 흙(土)을 붙여 '성(城)'으로 썼어.

國 나라 국　邦 나라 방

나라가 만들어진 지 얼마 안 되었을 때는 어떤 모습이었을까? 처음에는 성씨가 같은 사람들로 이루어진 작은 나라였지. 임금이 사는 '읍(邑)'과 성벽 주변 땅을 무기를 들고 지키면 그 구역은 나라가 되었어. 그러니 '나라 국(國)' 바깥에 있는 큰 테두리는 경계선을 뜻하는 거겠지.

나라를 뜻하는 한자를 하나 더 소개할게. 간혹 뉴스에서 친한 나라를 '우방(友邦)'이라 표현하는 걸 본 적 있어? 이때 쓰는 글자가 '나라 방(邦)'이야. 방(邦)은 '국(國)'보다는 조금 이전의 국가 형태를 가리키는 말인 것 같아. 글자의 왼쪽 부분은 밭에 자라는 작물을 뜻하고 오른쪽은 '읍(邑)'을 뜻하는 '부(阝)'거든. 테두리는 없는 걸로 보아 아마도 아직 전쟁이 심하지 않아 성벽 같은 것은 필요 없는 나라였는지 몰라.

2) 전쟁이 벌어지고 무기가 발달하다

마을에 성을 쌓기 시작한 건 전쟁 때문이었어. 전쟁은 신석기 시대 말쯤부터 시작되었어. 신석기 유물 중에 돌을 다듬어 나무 자루에 묶어 무기를 만든 흔적이 남아 있지. 도끼나 창과 같은 무기가 처음 나온 것으로 이때부터야. 싸움에는 무기가 좋은 쪽이 유리한 법이지. 특히 더 단단한 돌인 옥으로 무기를 만들 수 있으면 훨씬 유리했어. 싸우다 상대편 무기가 부서지면 이미 이긴 거나 마찬가지잖아. 문제는 옥이 단단해서 자르고 가는 것이 쉽지 않다는 점이었어. 다른 돌은 옥을 이기지 못하고 부서지니까. 이렇게 강한 옥은 강도가 같은 옥으로만 다듬을 수 있었어. 손잡이를 달기 위해 구멍을 뚫는 데도 힘이 훨씬 더 들 수밖

에 없었지. 그래서 이 무렵 회전판이 도는 힘으로 옥에 구멍을 뚫는 방법이 개발됐어. 이런 식으로 전쟁이 거듭되면서 무기도 함께 발전해 갔어.

戈 창 과

창이라 하면 보통 긴 막대기 끝에 뾰족한 쇠를 달아 찌르는 무기로 알잖아? 그런데 '과(戈)'는 그런 무기는 아니야. 긴 막대가 달린 건 맞지만 뾰족한 촉이 아니라 돌칼이나 도끼처럼 생긴 거였어. 이것도 당시로서는 발달된 무기였지. 쇠로 만든 촉이 달린 창은 그보다 훨씬 뒤에 나왔어. 단단하고 강한 철을 생산한 뒤에 가능했으니까. 그래서 무기만 봐도 시대를 알 수 있단다.

戰 싸움 전

홑 단
갑골문

싸움 전
금문

전쟁이 신석기 시대부터 시작되었다는 것은 싸움을 뜻하는 '전(戰)'이란 글자를 봐도 짐작할 수 있어. 이 글자는 '단(單)'과 '과(戈)'를 합친 모양이지. 전쟁의 대표적인 무기 둘을 가지고 싸움했다는 뜻을 나타낸 거야. 그러면 '단(單)'은 어떤 무기일까? 갑골문 모양을 보면 큰 눈이 달린 곤충처럼 보이지만 실제는 원시적인 무기야. 이 시대에 멀리 떨어진 적과 싸울 때 보통 돌을 던졌는데, 이 '단(單)'은 돌멩이를 멀리 보내는 무기였어. 어떻게 돌멩이를 던졌는지 잘 모르지만 지금으로 따지면 새총의 원리가 아니었을까? 그러니 돌을 던지는 것과 자루에 달린 돌칼을 쓰는 전쟁은 석기 시대부터 시작됐다는 걸 추측해 볼 수 있어.

我 나아

我
나아
금문

전쟁이나 무기와는 전혀 상관없는 글자에 '창 과(戈)'가 들어 있기도 해. 우리 편을 뜻하는 '아군(我軍)'이나 자기 자신의 의식을 뜻하는 '자아(自我)'에 들어 있는 '나 아(我)'가 그래. 나하고 이 무기가 무슨 관계가 있을까?

옛 글자를 보면 정말 거창한 무기야. 그냥 창이 아니라 여기저기 삐죽삐죽 튀어나온 초대형 무기지. 강력하기는 한데 전쟁터에서 이를 실제 쓰자면 힘이 아주 세지 않으면 안 될 거야. 그러니까 힘자랑하려고 드는 무기가 아닐까 생각해. 이 글자는 큰 무기로 혼자서 으스대는 모습을 표현했다가 '나'라는 뜻으로 의미가 완전히 바뀌어 버렸어.

義 옳을 의

'의리(義理)'라는 단어가 쓰이는 '옳을 의(義)'를 보자. 위에는 '양(羊)'이 있고, 아래는 '아(我)'가 있지. '아(我)'가 본디 자랑을 위한 무기였으니 화려한 예식에 쓰기 좋았지. 또 양은 제사에서 올리는 대표적인 동물임을 생각하면, 군대가 출동하기 전에 올리는 제사를 뜻하는 거겠지. 전쟁에 나가서 중요한 게 뭐였겠어? 적과 싸우는 자신들이 '옳다'는 걸 확인하는 일과, 지더라도 동료를 배신하지 않는 거겠지? 바로 그게 '의(義)'의 뜻이 아니겠어?

代 대신할 대

'대신할 대(代)'는 '대신(代身)하다' 또는 '대표(代表)하다' 등 일상에서 자주 쓰는 글자야. 이 글자는 '사람 인(人)'과 '창 과(戈)'가 합쳐져 있어. 전쟁이 일어나면 죽거나 다치는 건 자주 있는 일이니까 그럴 땐 다른 사람을 보내 그 무기를 들고 계속 싸우게 해야 할 것 아니야? 그러면 남이 하던 싸움을 '대신하는' 거지. 나중에는 '시간이 흐른다'는 뜻으로도 쓰여서 '시대(時代)'나 '세대(世代)' 같은 말도 나왔어.

刑 형벌 형

형벌 형
금문

'형(刑)'은 나쁜 짓을 하면 받는 형벌을 뜻하는 글자야. 옛날의 형벌은 끔찍했어. 그 형벌의 대표적인 것이 목에다 칼을 씌우는 것과 칼로 몸을 해치거나 베는 것이었지. 옛 글자를 보면 우물 모양으로 만든 틀에 머리를 가두고 옆에 칼을 그려 놓았지. 칼을 죄인의 목에 씌워 꼼짝도 못하게 하는 무서운 벌이었어.

刷 쓸 쇄

칼은 참 유용한 도구야. 음식을 썰거나 무얼 깎으려 할 때 칼이 없으면 어떻겠어. 정말 살기 불편할 거야. '쇄(刷)'의 오른쪽은 칼로 깎아 내는 거고, 왼쪽은 깎은 부스러기를 빗자루로 쓸어 내는 거야. 이 글자는 그렇게 무언가를 만들어 다듬고 정리하는 걸 뜻해. 그래서 묵은 것을 새로이 하는 일을 '쇄신(刷新)'이라고 해. '인쇄(印刷)'라는 말에도 이 글자가 쓰여. 옛날에는 나무판에 글자를 새긴 다음, 거기에 먹물을 바르고 종이에 찍어 내어 책을 만들었지. 그래서 지금도 책을 찍어 내는 일을 인쇄라고 하는 거지.

弓 활궁

활궁
갑골문1

활궁
갑골문2

활은 다른 무기에 비해서는 조금 늦게 사용됐어. 우선 활을 만드는 것이 까다로웠을 거고, 무엇보다 한번 쏘면 화살이 날아가 버려 재활용을 할 수 없었기에 무작정 활을 쏠 수 없었을 거야. 그래서 화살에 실을 매단 '주살'이라는 무기를 쓰기도 했지. 한자로는 '익(弋)'이라 읽어. 이 무기는 화살을 맞추지 못하더라도 바로 찾을 수 있게 실을 매단 거야. '궁(弓)'의 옛 글자를 보면 시위가 양쪽 끝단에 매어 있는 것과 한쪽 단은 매어 있지 않은 두 가지 모습이 있지. 활은 보통 쏘지 않을 때는 시위를 풀어 놓으니까 이렇게 그렸나 봐. 오늘날 글자 모습도 활시위를 풀어 놓은 모습에 가까운 것 같지?

弘 넓을 홍

활(弓)이 들어간 이 글자는 '넓다'라는 뜻이야. 활과 넓다는 게 무슨 관련이 있을까? 활(弓) 옆에 있는 'ㅿ'는 활을 잡은 손에 힘을 잔뜩 주는 모습을 표현한 거야. 화살은 활대와 시위의 탄성에 의지해 날아가. 활의 탄성이 좋고 쏘는 사람이 힘껏 당기면 더 멀리 힘차게 날아가지. 그래서 화살 닿는 거리가 멀어져 '넓다'는 뜻이 생겨나게 됐어. 실제로 화살을 쏘면 보통 150미터 정도 날아가지. 화살이 닿는 범위는 웬만한 학교 운동장보다 훨씬 넓을 거야.

強 강할강　弱 약할약

이 글자에서 '궁(弓)' 옆에는 '벌레 충(虫)'이 있고, 그 위에는 '입 구(口)'가 있어. 도대체 활과 벌레가 무슨 상관이 있을까? 벌레 위에 입을 그린 건 벌레의 울음소리가 났다는 뜻이겠지. 그러니까 활을 쏘는 데 소리가 크게 났다는 거고, 그렇게 쏜 화살은 '강하게' 날아가잖아. 반대로 '약할 약(弱)'은 활을 두 개 세워 놓고 그 활 밑에 노인 수염가닥 같은 걸 그려 놓았지. 머리카락이나 수염도 나이가 들면 가늘고 힘이 없어지잖아. 활시위도 오래 쓰면 축 처지고 탄력이 없어지게 마련이고, 그러면 화살이 날아가는 게 시원치 않지. 어때, 괜찮은 비유 같지 않아?

2부 몸속 세상이 담긴 한자

1장. 얼굴 가만 들여다보기

사람을 볼 때 보통 얼굴부터 보게 돼. 그리고 주민등록증이나 운전면허증, 학생증 같은 증명서에도 얼굴 사진을 붙이지. 왜 사람들은 얼굴을 이렇게 중요하게 여길까? 그건 얼굴을 그 사람을 대표하는 것으로 여기기 때문이야. 우리는 상대를 만나면 눈과 입을 바라보며 이야기하잖아. 우리가 느끼는 여러 감정도 얼굴로 표현하지. 말을 안 하고 얼굴만 봐도 그 사람이 화가 났는지 즐거운지 슬픈지 활기가 넘치는지 알 수 있잖아. 서로 언어가 통하지 않아도 표정을 보면 어떤 느낌인지 알 수 있지.

사실 촉각을 느끼는 피부를 빼면, 사는 데 중요한 감각 기관 대부분이 얼굴에 몰려 있다고 볼 수 있어. 무언지 보고 확인할 수 있게 하는 눈, 말과 소리를 듣는 귀, 원시적인 감각이라고 하는 냄새를 맡는 코, 맛을 느끼게 해 주는 혀까지 모두 얼굴에 있으니까. 외부에 어떤 일이 일어나고 있는지 알 수 있는 감각 기관뿐 아니라, 이걸 인식하고 판단하여 사고하는 뇌까지 얼굴과 가깝게 있네. 그러니 얼굴이 그 사람을 대표하는 게 이상하지 않은 일이야.

사람은 감각을 판단의 바탕으로 삼기 때문에 이와 관련된 글자가 많을 수밖에 없어. 가령 눈으로 선이 삐뚤빼뚤한지 아닌지를 확인하고, 코로 냄새를 맡고 혀로 맛을 보며 맛있는 건지 알아내지. 그리고 자기 생각을 입으로 말하고 남의 이야기는 귀로 들어. 물론 때로는 아름다운 목소리로 노래도 부르고 말이야. 그러니까 감각 기관과 뇌는 외부의 일을 알아내서 판단하는 우리 몸의 사령탑이라 할 수 있어.

옛사람들도 얼굴과 뇌가 있는 머리는 여러 신체 기관에서 가장 으뜸으로 쳤어. '머리 수(首)'라는 글자에 '첫째'나 '으뜸'이라는 뜻도 있는 걸 보면 알 수 있지. 그래서 그 나라의 서울을 '수도(首都)'라 하고 가장 중요한 자리에 있는 사람을 '수뇌부(首腦部)'라 해. 우리말에서도 제일 높은 사람을 '우두머리'라 하는데 '우두'나 '머리'나 모두 얼굴 부위를 뜻하는 거라고 해. 머리를 얼마나 중요한 것으로 여겼는지 알 수 있겠지? 그럼 이제부터 얼굴에 있는 기관들을 보고 그것들이 어떻게 글자와 관계를 맺었나를 살펴보자.

1) 눈과 코로 세상을 알다

사람에게 눈은 아주 귀중한 기관이야. 눈으로 볼 수 있다는 건 너무나 중요한 일이기 때문이야. 눈은 '마음의 창'이라고도 해. 그래서 눈이 맑은 사람은 마음도 맑다고 생각해. 눈은 세밀하게 감정을 표현하기도 하지. 눈물을 흘리는 슬픈 눈과 기쁨에 반짝거리는 눈은 전혀 다르잖아.

그래서일까. 한자에는 '눈'에 관련된 중요한 한자들이 참 많아. '코'와 관련된 한자들조차 눈을 빼고는 설명할 수가 없어. 아마도 눈과 코는 연결되어 있기 때문이 아닐까. 눈이 얼마나 중요한 기관인지는 '백성 민(民)'이라는 한자만 봐도 알 수 있어. 원래 '민(民)'은 백성이라는 뜻이 아니었어. 한자가 만들어

지던 시기엔 전쟁에서 사로잡은 다른 나라 포로들을 도망가지 못하도록 눈을 찔러 멀게 하고 노예로 부렸다고 해. '민(民)'은 그 모습을 나타낸 글자였지. 이들은 고된 노동을 도맡아 했는데 대개 농사짓는 일을 했다고 해. 그러다 오랜 세월이 지나서는 농사를 짓는 사람들이 노예가 아니라 일반 백성들이 되었어. 그래서 '민(民)'이 백성을 뜻하는 글자가 된 거지.

이렇듯 눈과 코에 관련된 한자는 역사도 깊고 우리 생활 곳곳에 있어. 이제 하나하나 눈에 익혀 보자.

目 눈 목

눈 목 금문

눈은 굳이 따지자면 가로로 길게 생겼지 세로로 긴 경우는 없어. '눈 목(目)'의 옛 글자를 쓸 때만 해도 이 글자는 가로로 길게 그렸지. 그렇다면 왜 세로로 길게 바뀌었을까? 이유는 단순해. 종이가 너무 귀해 주로 길고 좁은 목판이나 나뭇가지에 글을 썼기 때문이야. 글자 모양이 넓적한 것보다 길쭉한 게 쓰기 편했을 거야. 그래서 '눈 목(目)'처럼 자연의 생김새는 넓적하지만 글자는 세로로 긴 경우가 한자에는 종종 있단다.

眉 눈썹 미

눈썹은 눈 위에서 눈을 보호하는 역할을 하지. 물론 눈꺼풀에 있는 속눈썹이 눈을 직접 보호하지만, 조금 멀리 떨어져 눈두덩에 있는 눈썹도 빗물이 눈에 직접 들어가지 못하게 막는 역할을 해. 그래서 눈썹이랑 눈은 떼려야 뗄 수 없나 봐. 이 글자에서도 눈썹을 표현하려고 눈을 함께 그린 걸 보니 말이야. 하긴 눈 없이 눈썹만 그리면 뭔지 알아보기 어려울 거야.

見 볼 견

볼 견
금문

본다는 건 무엇일까? 깨어 있을 때는 아무 생각이 없어도 늘 무언가를 보고 있기 때문에 보고 있다는 사실을 굳이 인식하고 있지 않을 때가 많아. 그렇지만 눈을 가리고 아무것도 보이지 않은 상태로 조금만 있어도 곧 당황하게 되지. 걸을 수도 없고 필요한 걸 찾을 수도 없어서야. 그렇게 사람이 늘 보고 있다는 걸 알려 주는 글자가 '볼 견(見)'이야. 몸 위에 커다란 눈 하나만 있지. 눈 하나로 사람이 본다는 걸 얼마나 중요하게 생각하는지 나타냈어. 눈에 비해 몸을 무척 간략하게 그린 건, 보는 일에 몸통이 그다지 중요한 게 아니라는 의미이기도 해.

視 볼 시

'볼 견(見)' 옆에 있는 '보일 시(示)'부터 살펴볼게. '보일 시'는 글자체에 따라 '示'를 '礻'로 쓰기도 하지만 둘 다 '보일 시'라는 걸 알아 둬. '시(示)'는 제사를 지낼 때 점을 치면 조상들이 앞날을 후손들에게 보여 준다는 의미야. 점을 치는 방식은 조금씩 다르겠지만 흔히 동물 뼈나 껍질에 구멍을 뚫고 불에 태워 갈라지는 무늬를 보고 뜻을 짐작했지. 이때 그냥 보는 게 아니라 아주 자세히 봐야 했을 거야. 그래서 이 글자는 '시력(視力)'이라는 말에도 쓰여.

相 서로 상

서로 상
금문

이 글자도 원래는 본다는 뜻이었어. 옛 글자에서 알 수 있듯 나무 위에 올라가 내다본다는 뜻이었지. 높은 나무에 올라가면 넓고 멀리 볼 수 있잖아. 그런데 이렇게 멀리 살펴볼 일은 무엇이었을까? 아마도 적이 쳐들어올지 살피는 일이 아니었을까? 우리만 그러는 게 아니라 적도 맞은편에서 우리를 살펴보고 있을 거야. 그래서 나중에는 '서로 마주하다'라는 뜻이 되었지.

省 살필 성   看 볼 간

살필 성
금문

'본다'는 건 참 다양해. 그냥 무심코 보거나 내려다보거나 멀리서 상대방을 관찰하기도 하지. 그리고 아주 자세히 살펴보는 경우도 있어. 그럴 때 쓰는 글자가 '살필 성(省)'이야. 옛 글자를 보면 마치 눈 위에 풀이 돋아난 모습이지. 이건 풀이 아니라 눈썹을 찡그리고 자세히 보려 하는 걸 그린 거야. 뭘 자세히 보려 하면 자신도 모르게 눈을 찌푸리게 되잖아? 그렇게 자세하고 깊게 살펴보는 걸 '성찰(省察)'이라고 해. 우리가 자세히 살펴봐야 할 것 중 하나는 바로 자기 자신일 거야. 잘못된 것이 없는지 늘 반성(反省)을 하면서 살아가라 하지.

비슷한 글자로 '볼 간(看)'이 있어. '볼 간(看)'의 눈(目) 위에 올라가 있는 건 손(手)이지. 우리가 밖에서 뭘 자세히 보려면 눈이 부시지 않도록 눈 위에 손을 올려 햇빛을 막잖아. '볼 간(看)'은 바로 이 모습을 표현했어. '성(省)' 보다는 못하지만 자세히 보는 것은 맞으니 그냥 보는 '견(見)'과는 다르지.

臣 신하 신

신하 신
금문

지금은 '눈'이라는 뜻으로 쓰지 않지만 옛 글자를 보면 눈을 뜻했다는 걸 알 수 있어. 옛 글자에서 '목(目)'과 다른 것은 눈이 세로로 되어 있다는 점이지. 이 글자에서 눈여겨 봐야 하는 건 눈의 방향이야. 눈이 아래를 향해 있어. 왜냐하면 신하는 임금이 맡긴 일을 틀림없이 해야 하는 사람이기에 일이 잘되는지 집중해서 바라봐야 하기 때문이야.

한자에는 '신(臣)'이 들어간 글자도 상당히 많아. 아마도 관리들이 하는 일이 많다 보니 그에 관련된 글자도 많아진 걸 거야. 몇 개만 예로 들어 볼게. 현명(賢明)하다는 말에도 들어간 '어질 현(賢)'이라는 글자를 보면, 내려다보는 신하의 눈(臣) 아래 돈(貝)이 있고, 눈 옆에는 손(又)이 있어. 세금을 적절하게 잘 쓰면서 나랏일을 잘하는 관리를 표현한 글자야. 나랏일을 현명하게 잘하면 백성들은 편안하고 나라는 발전하겠지. '볼 감(監)'이라는 글자도 신하가 그릇(皿) 안을 살피는 모습을 그린 거야. 제사 음식을 제대로 했는지 살펴보는 모습일 수도 있겠지. 예나 지금이나 일 잘하는 사람이 나랏일을 하는 건 중요한 일인 것 같아.

鼻 코비

코비
갑골문

코는 얼굴 중심에 자리 잡고 있어. 그래서 얼굴을 볼 때 눈과 함께 코도 한눈에 들어오기 마련이야. 코가 큰 사람들은 얼굴도 눈에 잘 띄지. 코로 숨을 쉬지만 냄새 맡는 것 또한 무척이나 중요한 기능 중 하나야. 콧속의 점막에 냄새 입자가 붙어 그 냄새의 정보를 얻을 수 있다고 해. 눈을 감고 냄새를 맡으면 지금 밥을 짓고 있는

지 꽃나무에 꽃이 피었는지 코가 알아낼 수 있는 거지.

코는 단순하게 생겼는데 코를 뜻하는 '비(鼻)'는 여간 복잡하지 않아. 이건 코 모양만 나타낸 글자가 아니기 때문이야. 원래 코를 나타내는 한자는 '비(鼻)'가 아니라 '자(自)'였다고 해. 그런데 자신(自身)이라는 말에서도 알 수 있듯 이 글자는 '자기', '스스로'라는 뜻이잖아. 어쩌다 이렇게 바뀌었을까? 바로 코가 자신을 대표하는 얼굴 한가운데 있기 때문에 '나 자신'을 뜻하게 된 거지.

대신 코를 뜻하는 글자는 원래 글자(自)에 설명을 덧붙였어. 냄새가 콧구멍으로 올라오는 모습을 글자 아래 표현한 거지. 옛 글자를 보면 냄새를 꼭 무슨 벌레처럼 그린 것 같지 않아? 한자를 만든 사람들은 냄새를 그렇게 생각했나 봐. 보이지 않는 벌레처럼 말이야.

息 숨쉴 식

코의 가장 큰 임무는 숨을 쉬는 거야. 숨을 쉬지 않으면 우리는 살 수가 없어. 숨을 쉬면 허파는 산소를 받아들이고, 심장이 뛰며 피가 산소를 온몸으로 실어 나르지. 이 글자를 보면 코를 뜻하는 자(自)에 심장을 뜻하는 심(心)이 있어. 그렇다면 그 옛날에도 이런 과학적 사실을 알고 만든 글자 같지 않아? 아마 숨이 차면 심장이 마구 뛰는 걸 몸으로 느꼈기 때문에 알았을 거야.

臭 냄새 취

냄새 취
갑골문

개가 냄새를 잘 맡는다는 사실은 옛사람들도 잘 알았지. 그래서 개를 코 밑에 그려 냄새를 표현해 낸 거야. 사실 '냄새'라는 게 눈에 보이지 않아 그리기 쉽지 않잖아. 그런데 코 아래 강아지 한 마리를 그려 멋지게 해결했어. 치켜 올라간 꼬리만 봐도 강아지라는 걸 한눈에 알 수 있어.

香 향기 향

향기하면 '향수(香水)'나 꽃의 '향기(香氣)'가 생각나지? 옛사람들은 뭐니 뭐니 해도 가장 향기로운 걸 음식 냄새라고 생각했나 봐. 배가 고플 때 좋아하는 음식 냄새를 맡으면 입에 침이 저절로 고이지. 마침 우리 집에서 내가 좋아하는 음식 냄새가 난다면 그보다 행복할 수 없겠지. '향기 향(香)'은 솥에서 밥이 익는 걸 그린 글자야. '화(禾)'가 곡식을 뜻하고 '일(日)'은 솥이 변형된 모양이지.

2) 입으로 말하고 귀로 듣다

말과 글은 언제부터 있었을까? 지금은 말도 쓰고, 글자도 쓰니 비슷한 시기에 생긴 줄 알고 있는 사람도 있지만 그렇지 않아. 말의 역사는 글의 역사보다 최소 수백 배는 더 오래된 걸 거야. 언제부터 말을 사용하게 되었는지 아직 정확히 밝혀지진 않았지만, 문자가 생기기 훨씬 전부터 사람은 풍부한 소리로 말하고 생각을 나누며 이를 바탕으로 사회를 이룰 수 있었던 거야.

물론 문자가 생기고 기록을 할 수 있게 되면서 역사가 시작되고 문명의 내용이 더 깊어지기도 했지만, 실제로 우리가 쓰는 말이 문명을 만들어 낸 거라 할 수 있어.

옛날에는 지식이나 이야기들이 글보다는 입에서 입으로 전해졌어. 말이 글보다 우선이었던 이유는 종이가 없어서 나뭇가지나 대나무를 다듬어 글을 써야 했기 때문이야. 생각해 봐. 요즘 같은 책 한 권을 대나무에 모두 옮겨 쓴다고 말이야. 책 한 권의 대나무를 모두 모으면 아마도 여행 가방 하나론 부족할걸. 그래서 오늘날 우리가 알고 있는 신화나 옛이야기들은 실은 처음부터 글이 아닌 말로 전해 온 것들이 많아.

口 입구

'입 구(口)'는 입을 뜻하는 글자인데 비슷한 형태로 된 글자들이 참 많아. '입 구(口)' 안에 선을 하나 그어 넣으면 말한다는 뜻인 '가로 왈(曰)'이 돼. 그것 말고도 이 글자는 '해 일(日)'과 무척 비슷하지. 어쨌든 입을 표현하는 가장 기본적인 글자가 '입 구(口)'야.

舌 혀설

혀 설 갑골문

우리 입 안에 있는 혀는 여러 역할을 해. 특히 말이나 소리를 내는 데에 혀는 무척 중요해. 옛사람들이 말은 혀로 하는 거라고 여길 정도였어. 물론 소리는 성대에서 나오지만 혀가 그 성대의 소리를 조절해 말이 되도록 하는 거야.

또 하나는 입안에서 맛을 보고 식도로 넘길지 식별하는 역할을 하지. 혀에 있는 맛봉오리로 말이지. 왜냐하면 맛이 좋은 게 몸에 필요한 것이고, 쓰거나 상한 건 대체로 해로운 거라 뱉어 내기 위함이지.

말하는 혀는 '왈(曰)'처럼 표시했지만 음식 맛을 보는 혀는 다르게 표시했어. '혀 설(舌)'의 옛 글자를 보면 입에서 위로 혀가 나오고, 혀끝은 둘로 갈라지고, 주위에는 침이 흥건하지. 침은 음식물이 식도를 부드럽게 지나가게 하고, 소화를 돕기 위한 거야. 헌데 혀가 둘로 갈라진 건 아마 혀의 운동을 나타내는 건 아닐까? 아니면 뱀이 먹이를 먹기 전에 혀를 날름거리는 게 머리에 남아 그렇게 글자를 만들었을지 몰라.

甘 달 감

달 감 갑골문

혀로 맛을 느끼는 일도 말하는 것 만큼이나 우리에겐 아주 중요한 일이야. '달 감(甘)'은 입안 가득 무언가를 물고 있는 모양이지. 얼마나 맛이 있으면 이렇게 가득 넣고 있겠어. 지금은 흔하지만 설탕을 구하기 어려웠던 시절에는 단것이 무척 귀했을 거야. 맛에는 단맛, 짠맛, 신맛, 쓴맛, 매운맛 이렇게 다섯 가지가 있다고 했어. 대체로 쓴맛이 나는 건 약이지. 한약 같은 경우는 너무 써서 먹기 좋으라고 단맛 나는 '감초(甘草)'를 넣기도 하잖아. 꼭 약이 아니더라도 그냥 먹기에는 너무 쓴 풀들이 주변에 많았어. 그래서 쓴 맛을 뜻하는 '쓸 고(苦)'는 먹기 쉽지 않은 걸 표기하기 입(口) 위에 가시(十) 같은 걸 그리고 그 위에 풀(艹)을 썼어.

音 소리 음

말씀 언 갑골문

이 글자는 원래 '언(言)'과 같은 것이었다고 봐야 해. 결국은 사람 입에서 나오는 소리를 나타내는 모양이니까. 말을 뜻하는 '언(言)'의 모양이 조금 바껴 '음(音)'이 되었지. '언(言)'의 옛 글자를 보면 입 위에 못과 같이 뾰족한 것이 있어. 이런 찌르는 도구로 죄인들과 포로에게 고통을 주었는데, 말이나 소리도 그렇게 해서 나온다고 생각한 모양이야. 아마도 고문을 당해 나오는 비명이나 자백을 표현한 것일지도 몰라. 찌르는 도구에서 가로선이 긴 것은 아마 손잡이 부분이었을 거야. 그 양옆의 점은 말과 함께 튀어나오는 침일 것 같아.

訓 가르칠 훈

가르칠 훈
금문

한자에서 '훈(訓)'이라는 건 뜻을 표시하는 말이야. 이를테면 '하늘 천(天)'의 훈은 '하늘'이지. '훈(訓)'의 옛 글자를 보면 '내 천(川)' 아래 '말씀 언(言)'이 있지. '흐르는 시내처럼 그치지 않고 어떤 이야기한다'는 뜻이야. 이렇게 계속해서 이야기하는 게 무엇이겠어? 부모가 자식에게, 나이 많은 사람이 어린 사람에게 잘되라고 끊임없이 주문하는 가르침이겠지. 그렇지만 이런 가르침도 지나치면 '잔소리'가 되는 법이야.

耳 귀 이

귀 이
갑골문
귀 이
금문

귀에는 여러 기관이 있지만, 겉으로 드러난 것은 귓바퀴뿐이고 나머지는 몸속에 숨어 있지. 귓바퀴란 소리를 모으는 구실만 하는 정도이고, 소리의 울림을 받는 고막이나 그 울림을 전하는 뼈들도 전부 안에 숨어 있어. '귀 이(耳)'의 옛 글자를 보면 소리를 모아 안쪽으로 전하는 것까지 표현하고 있어. 몸의 기관을 나타내는 글자 눈(目), 코(自), 귀(耳)는 모두 안에 가로줄 두 개가 있는 게 특징이야.

聞 들을 문

'문(聞)'은 그냥 듣는 게 아니라 '귀 기울여 듣는' 거야. 옛 글자를 보면 한 사람이 공손히 꿇어 앉아 손을 모으고 있고, 얼굴에 큰 귀가 도드라지게 있지. 남이 하는 이야기를 아주 공손하게 잘 듣고 있는 모습을 그린 거야. 보통

들을 문
갑골문

자신의 의사를 분명하게 이야기하는 게 중요하다고 생각하지만, 그보다 먼저 남의 말을 공손하게 잘 듣는 게 훨씬 중요해. 남의 말을 잘 들어야 상대도 내 말을 잘 듣거든. 그런데 요즘 글자는 문 안에 귀가 있는 모양이잖아. 문 안에서 엿듣고 있는 게 아니라, 여기서 문(門)은 그저 글자의 음을 표시한 거야.

2장. 손과 발로 행동하기

우리 몸에는 눈, 귀, 코, 혀 같은 감각 기관이 있어서 보고 듣고 냄새 맡고 맛을 보지. 이런 감각 기관으로 받아들인 정보는 두뇌로 가서 어떻게 해야 할지 판단해. 산을 오르다 바로 앞에서 커다란 바위가 구르는 소리를 귀로 듣고 이 장면을 눈으로 보았다면 얼른 피해야겠지. 피하는 행동은 눈, 코, 입, 귀로는 할 수 없잖아. 바로 손과 발이 이를 실행하지. 곧은 선을 그려야 하는데 삐뚤빼뚤해 보인다면 이를 보고 판단하는 건 눈과 뇌가 하겠지만, 다시 그리는 건 손이 해야 하는 일이지.

세상일은 생각만으로는 이루어질 수 없어. 예를 들어 보리 씨앗이 땅에 떨어져 싹이 나고 열매를 맺어 다시 씨앗을 맺는다는 사실을 머리로만 알면 뭐 해. 실제로 보리 씨앗을 간직했다가 농기구를 만들어 땅을 파고 밭을 일궈 농사를 짓고, 가을에 곡식을 거두어 저장하고 밥을 지을 수 있어야 하지. 이런 일들을 해내는 건 바로 손과 발이고.

그럼에도 우리는 지식을 쌓는 것만을 중요하게 생각할 때가 있어. 하지만 학교에서 배우는 국어와 영어도 사람을 만나야 제대로 쓸 수 있고, 수학과 과학도 실생활에서 활용하려면 역시 손과 발을 부지런히 움직여야 하지.

그래서 옛 성인들 중에는 머리로 아는 것보다 몸으로 실행하는 것을 더 중요히 여기는 사람들이 많았어. 지식이 홍수를 이루는 오늘날이라고 다를까. 글씨를 펜으로 직접 쓰든 컴퓨터로 입력을 하든 역시 손이 있어야 하고, 손으로 써 봐야 더욱 확실하게 익히는 법이지. 또 어떤 일이 벌어지고 있으면 그곳에 가서 직접 체험을 하는 게 가장 좋은 방법이야. 그렇게 하려면 발을 움직여야겠지.

  손과 발을 나타내는 글자는 한자에도 정말 많아. 이를테면 '있을 유(有)'는 원래 고기를 사서 손에 들고 가는 걸 뜻하는 모양이었지. 지금도 고기가 밥상에 오르면 뭔가 특별한 게 '있는' 날 같잖아. 또 '걸음 보(步)'의 원래 모양은 두 발을 그린 거야. 지금도 발자국 두 개를 그려 발의 위치를 번갈아 바꿔 걷는 걸 표현하기도 하잖아. 옛날엔 발을 세 개나 그려서 빨리 뛰는 걸 표현하기도 했어. 앞으로 살펴볼 글자에는 손과 발을 나타내는 글자가 드러나 있기도 하고, 또 안 보이게 숨어 있기도 하니 꼼꼼하게 살펴보자.

1) 손으로 세상을 일구다

어떤 학자들은 사람과 동물의 차이점을 손에서 찾기도 해. 개나 고양이는 앞발과 뒷발의 차이는 있어도 앞발로 도구를 만들지는 못하잖아? 침팬지는 사람과 비슷하게 손을 잘 쓰기는 해도 사람처럼 솜씨 있게 새로운 물건을 만들 수는 없지. 인류가 두 발로 걸으면서 손을 쓸 수 있게 된 건 인류 역사상 엄청나게 큰 사건이야. 사람이 머리가 좋아진 것이 손과 관련이 있다고 주장하는 학자도 있어. 손으로 자꾸 무얼 하면서 두뇌도 발달했다는 거지.

집이나 성, 도구 같은 걸 만들고, 무기를 가지고 싸움을 하며, 농사를 짓고 밥을 해 먹는 일들은 전부 손이 없으면 도저히 할 수 없잖아. 그러니 문명을 일군 건 결국 손이었다고 봐도 될 거야. 그렇지만 손이 일만 하고 지낸 건 아니었지. 손으로 글씨도 쓰고 그림도 그리고 돌을 쪼아 조각상을 만들기도 했고, 악기를 연주하거나 춤을 추기도 했어. 예술 활동을 하는 데에도 손은 빠질 수 없다는 말이야. 그래서 짐승에게는 앞발이라 하고 사람에게는 손이라고 특별한 이름을 붙여 주는 걸지도 몰라.

手 손 수

손 수 금문 또 우 금문

손의 옛 글자를 보면 다섯 손가락을 제대로 표현한 글자는 하나도 없어. '손 수(手)'의 옛 글자도 꼭 나뭇가지처럼 그렸지. 무엇을 잡은 모양을 본뜬 '또 우(又)'의 옛 글자를 보면 손가락이 세 개 뿐이야. 문자로 사용하기 위해 단순화시킬 때 다섯 손가락을 다 그리는 건 너무 번잡해서 그런 거야.

'수(手)'는 글자 그대로 쓰기 보다는 글자 왼쪽에 '扌'와 같이 변으로 많이 쓰이는데 손으로 하는 온갖 것들에 대부분 붙어 있지. 이를테면 꺾는다는 뜻의 '절(折)'이나, 재주란 뜻의 '기(技)'가 그런 글자야. 손이 워낙 하는 일이 여러 가지잖아. 그래서 옛날부터 글자에는 수많은 손이 있었어. 그런 글자들이 나중에 여러 가지 형태로 바뀌었어. 글자 안에 요소로 있는 '또 우(又)', '마디 촌(寸)', '아무 모(厶)'와 같은 형태는 손이 변한 한자일 가능성이 커.

共 함께 공

함께 공 금문

예나 지금이나 두 손을 함께 쓰면 공손하다고 해. 어른들께 물건을 드릴 때는 두 손으로 건네는 것이 예의지. 이 글자는 바로 그 자세를 보여 주고 있어. 옛 글자를 보면 두 손으로 공손히 그릇을 올리고 있어. 제사상에 음식을 올리는 모습이지. 그런데 왜 '함께'라는 뜻이 되었냐고? 제사가 끝나면 음식을 다 함께 나눠 먹잖아. 그런 의미에서 시작된 말이지.

及 미칠 급

미칠 급 금문

여기서 '미칠'은 정신이 돌았다는 뜻이 아냐. '다다르다', '따라잡다'란 뜻의 '미치다'이지. 옛 글자 모양은 다른 사람을 쫓아가서 손으로 다리를 잡은 모습이야. 그러니 따라잡기에 얼마나 힘들었겠어. 하지만 이만큼 '따라잡다'는 뜻을 분명하게 전달하기도 쉽지 않다는 생각이 들어.

投 던질 투

야구에서 공을 던지는 선수를 '투수(投手)'라고 하잖아. 이제 이 단어의 두 글자에 모두 손이 들어가 있음이 보이겠지. '투(投)'에는 '손 수(手)'에 '또 우(又)'까지 무려 손이 둘이나 들어가 있어. 왜 야구에서도 공을 힘껏 던지려면 두 손을 모았다가 큰 동작을 하잖아. 이 글자를 만들 때 던지는 물건은 공이 아니라 무기였겠지만 손으로 힘껏 던지는 방식은 공 던지는 것과 마찬가지였겠지.

指 손가락 지

손가락 지
금문

손의 쓰임새는 무얼 만들거나 일을 하는 데만 있지 않아. 우리는 손으로 많은 걸 하고 있지. 그 가운데 하나는 말을 대신하는 거야. 말을 몰라도 외국인과 손짓으로 대화할 수 있지. 그리고 거리가 멀어서 말이 들리지 않으면 오라고 또는 가라고 손짓으로 얘기하기도 하잖아. 잘 가라는 뜻으로 손을 흔들기도 하고. '지(指)'의 옛 글자를 보면 왼쪽 아래에는 입이, 그 위에 사람이, 오른쪽에는 손가락이 있어. 바로 손짓으로 말한다는 거야. 그것이 나중에 '손가락'을 뜻하는 글자가 되었지만, '지시(指示)'처럼 아직도 '가리키다'란 뜻으로도 쓰이지.

授 줄 수

선생님이 학생에게 가르치는 걸 '수업(受業)'이라 하잖아. '수업(受業)'은 '수업(授業)'이라고도 쓰지. '수(受)'는 받는다는 거고, '수(授)'는 준다는 뜻이야. 그러니까 학생 편에서 보면 '수업(受業)'이고 선생님 편에서 보면 '수업(授業)'이지.

'수(受)'에서 위에 있는 '손톱 조(爪)'도 '또 우(又)'처럼 원래는 손을 뜻했어. 그러니 위의 것은 주는 손이고 아래 것은 받는 손이야. 그런데 준다는 뜻으로 쓰려니까 손을 또 하나 더 넣었지. '수(授)'에는 손이 세 개나 있는 셈이야.

2) 발로 세상을 넓히다

손이 아무리 재주가 많고 뛰어나더라도 발이 없으면 아무런 소용이 없어. 사람이 농사를 짓더라도 발로 밭까지는 걸어가야지 일을 할 수 있고, 손보다 발이 힘이 세기에 밭을 가는 일에는 발이 더 필요했지. 게다가 교통수단이 발달하지 않은 시대에는 발만큼 믿을 만한 것도 없었어. 어디를 가든 걸어가야 했으니까.

한자를 만든 이 시대에는 두 마리 말이 끄는 수레를 타고 전쟁을 했어. 창 끝에 칼이 달린 무기를 들고, 수레 주변에서 보병 몇 명이 호위하며 수레와 수레끼리 맞붙는 전쟁을 했지. 이럴 때에는 말이 발을 대신한 거야. 이때 군대의 규모는 말이 끄는 수레가 몇 대 있는가에 달려 있었지. 말하자면 요즘에 탱크가 몇 대나 있느냐로 군대의 크기를 가늠하는 것과 마찬가지였어. 그러니까 군대가 강하려면 말도 많아야 하고 수레를 만들 기술도 필요했던 거야.

止 멈출 지

止
멈출 지
금문

지금은 '지(止)'가 멈춘다는 뜻이지만 원래는 발을 뜻하는 글자야. 하기는 발이 움직이고 있어야 걸음을 멈추게 되겠지. 옛 글자를 보면 뾰족한 발의 모습이 연상되지 않니? 발바닥에서부터 발목까지 그린 것 같기도 하고. 이 모양은 아주 많은 글자의 옛 모습에 나와. 아래서 더 살펴보자.

足 발 족

足
발 족
금문

'족(足)'의 옛 글자를 보면 발(止) 위에 둥근 원이 있지. 이 원이 무얼 뜻하느냐가 문제인데 대개는 무릎일 거라고 해. 만일 무릎이 맞다면 '돼지 족발'은 돼지의 무릎부터 발까지를 요리한 음식이니까 딱 맞는 부위를 뜻하는 단어네. 그리고 옛사람들은 직접 발로 걸어서 어디까지 갔다는 것에 만족감을 느꼈나 봐. '족하다', '풍족하다', '만족하다'라는 뜻에 모두 이 글자를 쓰지.

走 달릴 주

走
달릴 주
금문

달리는 걸 가만히 관찰하면 발만 빨리 움직이는 게 아니야. 팔의 동작도 달라지지. 달리기 연습을 하다 보면 팔 동작을 잘해야 빨리 달릴 수 있다는 걸 알 수 있을 거야. '주(走)'의 옛 글자를 보면 위에 사람이 있고, 아래 발이 있는데 팔을 흔드는 모양을 잘 묘사하고 있지. 결국 달리는 건 발이지만 그에 맞춰 온몸이 같이 움직여야 달릴 수 있음을 옛사람들도 알고 있던 거지.

進 나아갈 진

걷거나 뛰는 이유는 이동을 하기 위해서야. 그런데 이동과 관련된 글자에 자주 나오는 글자가 있지. '착(辶)'이라는 형태의 글자로 '쉬엄쉬엄 가다'라는 뜻이 있어. 이건 '길'이나 '가다'라는 뜻인 '행(行)'의 앞에 있는 '彳'과 발을 뜻하는 '止'가 합쳐진 거야. 길과 발이 합쳐졌으니 '간다'는 뜻이 저절로 되잖아. '진(進)'은 앞으로 나아간다는 뜻으로 '진행(進行)', '전진(前進)' 같은 단어에 쓰지.

'착(辶)' 위에 있는 글자는 새(隹)야. 왜 앞으로 나아가다는 글자에 새가 있을까? 새를 보면 앞으로 나아가기만 하지 뒷걸음치는 법은 없어. 앞에서 누가 해치러 오면 포르르 날아갈 뿐이지. 새는 구태여 뒷걸음칠 필요가 없기 때문에 앞으로만 가. 그래서 '앞으로 나아간다'는 뜻에 걸맞은 글자가 된 거야.

退 물러날 퇴

한자에서 뒷걸음질은 어떻게 표현했을까? '퇴(退)'를 보면 알 수 있지. 이 글자에서 위쪽에 있는 '艮'는 음식을 담은 그릇 아래 발을 표현한 거야. 그릇에 담겨 있는 것은 제사 음식이야. 그러니까 음식을 제사상에 올리고 나오는 모습이지. 조상님 앞에 음식을 바치고 나올 때 뒤로 돌아 나올 수는 없어. 뒤를 보이는 건 공손하지 못한 행동이니까. 사극을 보면 임금님을 뵙고 나올 때도 뒷걸음질쳐서 나오잖아. 그래서 '퇴(退)'가 뒷걸음질 쳐서 물어나는 걸 뜻하게 되었어.

通 통할 통

이 글자에 들어 있는 '쓸 용(用)'은 원래 우물물을 푸는 두레박에서 비롯되었어. 그 시대에는 나무로 이런 통을 만들어 썼는데 그 모양을 본뜬 글자야. 나무통(用)을 수레에 실어 나를 때에는 쓰러지지 않게 고리를 위에 달아 줄로 묶기도 했지. 그렇게 수레에 실어 물건이 오고 가는 게 '통(通)'이야. 물건이 오고 가면 사람도 오고 가고, 정도 오고 가고 하게 되는 거지. '교통(交通)'에도 이 글자가 들어 있네.

3장. 몸과 마음 살펴보기

몸에 관한 한자를 살피다 보면 생(生)과 사(死)에 대해 이야기하지 않을 수 없어. 살아 있는 몸에는 뼈와 살이 있고, 음식을 소화시키는 내장 기관이 있어. 폐를 통해 호흡을 하고, 간이나 콩팥 같은 기관은 해독을 하지. 그렇지만 사람이 죽으면 이런 모든 기능은 사라지고 말아. 그럼 마음은 어떨까. 몸이 죽어 없어지면 마음도 죽게 될까?

옛사람들은 죽으면 시신은 땅에 묻혀 썩어도 넋은 다른 곳으로 간다고 생각했어. 이 생각을 바탕으로 각자 살아가는 생활 환경에 따라 장례 방법도 다양했지. 바람이 잘 통하는 곳에 시체를 올려놓기도 하고, 새가 죽은 시체를 먹어야 하늘로 올라간다고 생각하기도 하고, 골짜기에서 밀어 떨어뜨려 몸이 원래 있던 곳으로 보낸다고 생각하기도 했지. 대체로 죽은 다음에도 살아 있을 때와 마찬가지로 다른 곳에 가서 살 거라 생각했어.

그래서 옛 왕들은 지상에서 누리던 것을 죽은 다음에도 누리고 싶어 했고, 자신의 무덤 속에 평소 아끼던 물건이나 보물까지 모두 넣게 했지. 죽어도 마음이나 넋은 살아 있으니 다음 생까지 모두 가지고 가고 싶던 거야. 물건뿐만 아니라 부인들이나 시종, 가축까지 산 채로 묻는 경우도 있었어. 이런 걸 '순장'이라고 했어. 하지만 이런 방식의 장례는 너무나 비인간적이고 잔인한 일이잖아. 생각을 해 봐. 산 채로 묻히게 된 사람들이 그 안에서 죽을 때까지 얼마나 두려웠을까. 욕심 때문에 산 사람의 마음까지는 헤아리지 못한 거지.

그래서 점차 산 사람을 묻는 풍습은 사라지고 대신 인형으로 만들어 무덤에 넣었어. 중국을 최초로 통일한 진시황의 무덤이 대표적이야. 진시황은 지하 궁전처럼 어마어마한 무덤을 짓고 거기에 사람이나 말, 수레 등을 실제 크기와 비슷하게 도기 인형으로 만들어 진열했지. 이런 풍습은 그 뒤로도 오랫동안 남았다가 없어졌어.
　예나 지금이나, 몸은 생명이 다해 죽어 없어져도 마음만은 남아 있다고 믿고 있지. 가령 사랑하는 마음이나, 애틋하게 여기고 느끼고 추억하고 하는 마음들은 영원하리라 생각해. 그래서 더욱 소중히 여기기도 해. 화나고 슬픈 마음도 어떤 의미에서는 소중한 것인지도 몰라. 그런 마음이 없으면 우리는 행복하고 기쁜 것도 잘 모르지 않을까? 지금부터 마음을 표현한 한자들을 보면서 내 안에 가득한 마음은 무엇인지 가만히 들여다보자.

1) 뼈와 살로 몸이 더욱 단단해지다

뼈와 살은 몸통을 단단하게 유지해. 입으로 먹은 음식은 위와 장이 소화를 시키고, 폐가 호흡을 해서 산소를 공급하면 심장이 뛰면서 우리는 살 수 있지. 이렇듯 우리 몸에서 중요하지 않은 게 없고 필요하지 않은 게 없어. 몸속 기관을 하나하나 들여다보는 건 세상을 들여다보는 것과 같다고 할 정도로 정교하고 복잡해. 그러니 몸에 관한 한자들을 더 알아보자.

身 몸 신

훙 몸 신
금문

'신(身)'은 지금은 몸을 뜻하는 글자지만 원래는 배 속에 아이를 품은 임신부를 묘사한 것이었어. '아이 밸 잉(孕)'도 같은 글자에서 나온 건데, '신(身)'이 다른 뜻으로 쓰이니 '잉(孕)'이 아이를 가진 걸 뜻하게 되었지. 이 글자가 몸이란 뜻으로 쓰인 이유는 배 속의 아이는 엄마에게 몸을 받아 태어났기 때문이 아닌가 싶어.

骨 뼈 골

뼈를 뜻하는 '골(骨)'은 원래 짐승 몸 안에 있는 뼈의 모습을 본떠 만든 글자야. 옛사람들은 짐승 뼈에 특별한 힘이 있다고 생각한 것 같아. 왜냐하면 뼈를 가지고 점을 많이 쳤기 때문이지. 짐승 뼈로 점을 쳤다는 건 뼈에 신의 계시가 나타난다고 믿었기 때문이야. 나중에는 짐승 뼈 말고도 사람 뼈의 뜻도 더해지고, 여기에 '고기 육(肉)'의 변형인 '육달 월(月)'이 붙어서 지금의 글자가 된 거야.

體 몸 체

몸 체 금문

'체(體)'는 뼈와 살, 장기, 감각 기관 전부를 뜻하는 글자야. '체육(體育)'은 이 모든 걸 발달시키려는 활동이야. 그런데 옛 글자의 왼쪽에 있는 글자가 지금과는 달라. 옛 글자에는 '골(骨)'이 아니라 '신(身)'이 있네. 이때 '신(身)'은 아이를 밴 모습을 뜻하는 거라고 했어. 글자 오른쪽의 '풍성할 풍(豊)'은 제사용 그릇(豆)에 음식이 가득 담긴 모습이야. 그러니 배 속의 아기가 잘 자라 건강한 몸으로 태어나기를 바라는 뜻이겠지. 나중에 '신(身)'이 '골(骨)'로 바뀐 것은 '뼈와 살'이 있는 몸으로 뜻이 변했기 때문이지. 신(身)'과 '체(體)'의 차이점은 '신(身)'은 사람의 몸만 이르는 말이지만, '체(體)'는 사람이 아닌 물건에도 쓰인다는 거야.

背 등 배

이 글자는 아이러니하게도 '등'이라는 뜻인데 '배'라고 읽어. 글자를 하나

북녘 북
금문

하나 뜯어 보니, '육달 월(月)' 위에 '북녘 북(北)'이 있네. 그래, '동서남북(東西南北)' 방향을 이야기할 때의 '북녘 북(北)'이 맞아. 오래전에 '북녘 북(北)'은 그 자체로 '등'을 가리키는 글자였어. 옛 글자에서도 등을 맞대고 서로 다른 방향으로 서 있는 두 사람을 표현했지.

이 글자가 방향을 표시하게 된 건 왕궁 배치 때문이야. 우리나라 중국은 모두 적도를 경계로 북쪽, 즉 북반구에 있어서 남쪽을 향해야 겨울에 따뜻하고 여름에 시원할 수 있어. 왕궁도 남쪽을 향해 지었는데 그러다 보니 임금은 늘 남쪽을 바라보고 앉아 있게 되었어. 그래서 임금의 등이 있는 쪽이 북쪽이 되었지. '북(北)'이 방향을 표시하는 글자가 되니까 '등'을 표시하는 글자는 새로 만들어야 했어. 그래서 살을 뜻하는 '육달 월(月)'을 그 아래 붙인 것이지.

肩 어깨 견

어깨 견
금문

옛사람들의 몸에 대한 지식은 놀라울 정도야. 특히 '견(肩)'의 옛 글자를 보면 깜짝 놀라지. 문짝이 하나 떡하니 올라가고 그게 몸이란 걸 표시하기 위해 '육달 월(月)'을 붙였지. 어깨가 앞뒤로 움직이는 모습을 문짝의 움직임에 비유한 거야. 문을 표현할 때에도 문짝이 둘인 것은 '문(門)'이고 하나인 것은 '호(戶)'야. 여기선 '호(戶)'를 썼네. 옛 글자 모양은 지금과 크게 다르지 않아.

胸 가슴 흉

우리 몸을 보면 앞가슴에 갈비뼈가 있고, 이 뼈가 허파, 심장, 간 등을 보호하고 있어. 가슴을 뜻하는 글자 '흉(胸)'은 마치 갈비뼈로 둘러싸인 허파를 그린 것처럼 생겼지. 이처럼 한자는 몸의 구조를 잘 살피고 그에 잘 맞는 글자로 표현했어.

2) 마음을 들여다보다

누구나 마음이 기쁘고 즐거울 때도 있고, 슬프고 서러울 때가 있어. 또 어느 누군가가 좋을 때도 있고, 밉고 원망스러울 때도 있잖아. 우리는 뇌에서 감정을 느끼고 몸이 반응한다는 걸 이론으로 알고 있지만, 옛사람들은 마음이 무조건 가슴에 있다고 생각했어. 우리가 기쁘거나 겁에 질려 흥분을 하면 가슴이 뛰는 걸 느낄 수 있으니까 심장에 마음이 있다고 생각한 거지. 그래서 심장으로 '마음'이나 '사랑'을 표현하게 된 거야.

옛사람들은 마음을 노래로 곧잘 표현하곤 했어. 남아 있는 기록 중에는 3천 년도 더 된 것도 있어. 옛날 말이라 이해하기는 힘들지만 《시경(詩經)》이란 책

에 바로 이런 옛 노래 가사들이 실려 있지. 이 노래에도 사랑을 읊은 것이 상당히 많아. 한자에는 소리의 높낮이와 함께 길고 짧음도 있어서 이를 가지고 형식에 맞춰 노랫말을 짓기도 했고, 예로부터 시를 잘 쓰는 사람이 과거에 급제하기도 했지. 지금도 사람들은 글을 짓고 노래를 부르고 들으며 마음을 표현하기도 하고 공감하기도 해. 여기서는 마음을 표현한 글자들을 살펴볼게.

心 마음 심

마음 심
금문

'심(心)'이란 글자를 보고 바로 심장을 떠올릴 사람은 별로 없지만 옛 글자를 보면 누가 봐도 심장을 그린 것이지. 서양의 하트처럼 그냥 외형을 그린 게 아니라 해부해서 특징을 정확히 짚어 내었어. 위의 두 심방과 아래의 두 심실까지 묘사할 정도니 무슨 해부도를 보는 것 같지. 이것이 나중에 간략하게 되어 지금의 글자가 된 거야. 그러니 '심(心)'이 네 획인 이유가 심장에 있는 두 개의 심방과 두 개의 심실이 더해진 거라고 기억해 둬. 이 글자는 마음을 뜻하니 얼마나 쓰이는 곳이 많겠어. 그래서 '心'이란 형태로도 쓰이지만, 이를 다른 요소와 쓸 때는 더 간략하게 해서 '忄, 㣺'와 같은 형태로도 쓰지. 참고로 심장은 '마음이 있는 장기'라는 뜻의 한자어고 염통은 우리말이란다.

性 성품 성

'성(性)'은 타고난 천성, 성질, 바탕 같은 걸 뜻하는 글자야. 글자 왼쪽은 마음을 나타내고 오른쪽은 '생명(生命)'에도 쓰이는 '날 생(生)'이잖아. 그러니 '마음이, 또는 마음에서 생겨난다'는 뜻이지. 마음에서 생겨나는 것은 무엇을 하고자 하는 욕망이야. 사람은 이 욕망이 없으면 살아갈 수 없지. 먹고 마시고, 자고, 무엇을 가지고, 사람들과 즐겁게 지내는 것도 다 욕망이니 이것 없이 어찌 살 수 있겠어. 하지만 남들의 욕망과 자신의 욕망은 서로 다를 수 있으니 서로 맞춰 가며 살아가는 지혜도 필요할 거야.

意 뜻 의

'의(意)'는 소리를 뜻하는 '음(音)' 아래 '심(心)'이 있는 글자지. '음(音)'은 목구멍의 성대를 울려 나오는 사람의 소리이고, 거기 '심(心)'이 있다는 건 마음으로 내는 소리란 이야기겠지. 그렇게 마음이 담긴 소리가 세상을 바꾸어 왔으니 결국 '뜻'이 세상을 바꾼 거겠지.

思 생각 사

생각 사
전문

이 글자는 보통 '생각하다'는 뜻으로 쓰여. 머릿속에는 여러 가지 생각이 있겠지. 사람을 그리워함도 생각일 거고, 일이나 공부를 어떻게 할까 하는 생각도 있을 거고, 이 세상은 무엇이고 우리는 어떻게 살아야 하나 하는 생각도 있을 거야. 머릿속에서 맴도는 생각은 모두 '생각 사(思)'라고 봐야겠지. 그렇지만 '사(思)'는 원래 누군가를 그리워한다는 뜻이 훨씬 강한 글자였어. 우리말의 '사랑하다'의 어원도 '사량(思量)'에서 나온 것이라 해. 옛 글자를 봐도 폐와 심장을 모두 포함한 것이니 가슴속에 꽉 차 있는 그리움을 뜻하는 글자였던 거야. 그러다 다른 글자들이 그 뜻을 대신하게 되자, 차츰 '사고(思考)'를 뜻하는 글자가 되었어. 감정보다는 이성에 가까운 글자로 변한 거지.

愛 사랑 애

사랑 애
금문

지금은 남녀 사이의 사랑을 주로 '애(愛)'라는 글자로 표기하잖아. '애(愛)'는 오래된 글자인데, 처음에는 지금과는 달리 쓰였던 것 같아. '애(愛)'의 옛 글자를 보면, '심(心)' 위에 입을 크게 벌린 사람을 그린 거야. 입을 크게 벌린 건 큰 소리로 떠드는 거지. 그러니까 이 글자의 본래 뜻은 마음속에 있는 생각을 마구 떠든다는 뜻이었을 거야. 그렇게 마음속에 있는 이야기를 큰 소리로 떠들 수 있는 사람은 아주 가까운 사람이겠지? 나와 가까운 그 누군가는 내가 아주 사랑하는 사람일 거야. 그래서 '사랑'이란 뜻으로 변한 거겠지. 지금 쓰이는 글자는 어떨까? 손(爫)으로 마음(心)을 어루만지기도 하고, 발(夊)까지 달아 놓은 걸 보면 사랑의 뜻도 많이 바뀐 거 같지.

情 정 정

정 정
금문

이 글자는 무척 푸근한 느낌이 들어. '정 정(情)'은 '마음 심(忄)'에 '푸를 청(青)'을 붙여 놓은 글자지. '청(青)'은 '청색'이란 색깔 이름으로 많이 쓰고 있잖아. 그렇다면 청색은 '청산(青山)'처럼 녹색일까, 아니면 하늘처럼 파란색일까. 옛 글자에서 오른쪽

143

에 있는 '청(靑)' 부분을 봐. 우물(井)에서 자라는 새싹이지. 우물 곁에 돋아난 풀의 '푸르름'이라 하는 게 맞을 거 같은데, 풀은 녹색이잖아. 그렇다면 예전에는 녹색과 청색을 같은 계열로 여겼다는 말일까? 맞아, 어쨌거나 '청(靑)'은 '마음에 푸르름을 담아 두는 것'이라 해도 좋겠지. 서로 마음이 활발히 오고 가면 마음에 남는 것들이 있잖아? 그런 것들을 '정'이라 부를 수 있겠지.

感 느낄 감

느낄 감
금문

남에게 고마움을 느끼는 것을 '감사(感謝)'라 하고, 마음이 움직이는 것을 '감동(感動)'이라 하고, 마음의 느낌이 진동하는 것을 '감격(感激)'이라고 해. 우리는 기쁘고, 화가 나고, 슬프고, 즐거운 감정인 '희노애락(喜怒哀樂)'을 느끼며 살고 있지. 그런 모든 느낌을 표시하는 글자가 바로 '감(感)'이야.

'감(感)'에서 '마음 심(心)' 위에 있는 글자는 '다 함(咸)'이지. 이 글자는 원래 '성(城)'을 뜻했던 '이룰 성(成)'과 모양뿐 아니라 뜻도 매우 비슷해. '읍 안의 사람들이 모두 함께 무기를 들고 지키는 것'을 뜻하거든. 그래서 '함(咸)'은 '다 함께'란 뜻이고 결국 '감(感)'이란 글자는 '모든 느낌'을 뜻하는 거지.

念 생각 념

마음속에 있는 여러 생각을 '상념(想念)'이라고 해. '염두(念頭)에 두다'는 말도 자주 쓰는 편이지. 여기서 '념(念)'이란 글자는 생각을 뜻하기는 하는데 '상(想)'이나 '사(思)'와는 조금 달라. '념(念)'의 옛 글자를 보면 위에서 아래를 향해 말을 하고 있고, 그 아래에 마음(心)이 있는 형태지. 조상들이 내 마음을 향해 하는 이야기는 무얼까? 아마도 어떤 가르침이거나 잔소리가 아니겠어? 그렇다고 그걸 무시할 수도 없지. 그렇게 마음속에 담아 두고 기억해야 할 생각이니 '상(想)'이나 '사(思)'처럼 나 혼자 하는 자유로운 생각은 아닐 거야.

忘 잊을 망

잊을 망
금문

망 망
금문

매일같이 생각을 하고 기억을 더듬으며 살고 있지만 머릿속에 모든 것을 기억하고 살 수는 없어. 시시때때로 잊어버리는 것도 많잖아. 과제도 깜빡하고 다닌 적도 많고, 엄마가 하라고 한 것도 게임하다 잊어버리기도 하지. 물론 온갖 기쁨과 슬픔 그리고 시시콜콜한 감정과 추억을 모두 다 기억하고 산다면 그것도 무척 괴로운 일일 거야.

'망(忘)'이란 글자는 '잊는다'는 뜻이야. '마음 심(心)' 위의 '망(亡)'은 '망하다'라는 말에 들어간 글자로 '도망하다'나 '없어지다'란 뜻도 있지. '망(亡)'의 옛 글자는 방패(干)가 망가진 모양이야. 싸움에서 진 병사는 망가진 방패도 내버리고 도망가는 법이지. 그러니 마음이 도망갔다는 의미에서 이 글자는 '잊어버리다'라는 말을 잘 표현한 것 같아.

憶 생각할 억

'의(意)'가 '마음의 소리'라 했잖아. 그 '마음의 소리'란 걸 또 마음(忄)에 담아 두는 글자가 '억(憶)'이지. '추억(追憶)'이란 단어에 쓰이는 그 글자야. 그런데 '마음의 소리'란 건 사실 보이지도 들리지도 않잖아. 이렇게 추상적인 글자들은 대개 나중에 만들어졌어. 보이지 않아 막연하지만 삶에 의미 있는 걸 뜻할 수 있는 글자도 필요하다는 걸 나중에 깨달은 거야.

悲 슬플 비

슬픈 연극은 '비극(悲劇)'이고, 앞날을 어둡게 바라보는 걸 '비관(悲觀)'이라 하지. '마음 심(心)' 위에 있는 '아닐 비(非)'의 옛 글자는 '북(北)'처럼 등을 마주하고 있지만 선이 하나 더해졌지. 그 선이 무엇인지에 대해 여러 이야기가 있어. 좀 끔찍하긴 하지만 아마 형벌할 때 쓰인 도구가 아닐까 해. 죄수 둘에게 칼을 씌워 등을 마주하게 앉히면 바로 이런 모습이 되겠지. 그런 상태로 감옥에 갇혔다면 저절로 슬픈 마음이 들 거야.

아닐 비
갑골문

怒 성낼 노

성낼 노
금문

요즘 우리말에서는 '분하다'는 것보다 '분노하다'로 표현할 때가 더 많은 거 같아. 그만큼 '분노(憤怒)'는 한 단어로 묶이는 게 자연스러운 거겠지. '노(怒)'에서 '마음 심(心)' 위에 있는 '노(奴)'를 볼까? 왼쪽은 여자(女)고 오른쪽은 손(又)이라서 빼앗아 온 여자, 즉 여종을 뜻하는 글자야. 전쟁에서 이긴 나라는 진 나라의 여자들을 끌고 와 노예로 부렸는데, 잡혀 와서 고생하는 노예의 마음이 어떻겠어? 분하고 성낼 만하겠지?

急 급할 급

급할 급
전문

미칠 급
금문

마음이 급할 때가 참 많지. 아침에 학교에 늦을까 봐 급하고, 사고 싶은 물건이 다 팔릴까 봐 급하고, 키가 빨리 자라지 않아 급하지. '급(急)'에서 '마음 심(心)' 위에 있는 글자는 '급(及)'이란 글자가 변한 모양이야. '급(及)'은 앞에서 봤듯이 다른 사람 다리를 붙잡고 있는 손을 그린 글자잖아. 그러니 앞 사람이 빨리 달리기라도 하면 쫓아가는 사람의 마음이 얼마나 급하겠어. 요즘은 '빠르다'란 뜻으로도 많이 쓰여. '급행(急行)'이나 '특급(特急)'이란 단어에서처럼 말이야.

◆ 나오며

글자의 화석에서 건져 올린 역사

이야기를 시작할 때 한자는 화석과 같은 글자라고 했지. 지금 쓰는 문자들은 옛 모양과는 아주 많이 다르게 변했고 또 대개는 소리만을 표현하는 글자지. 그렇지만 한자는 처음 만들어졌을 당시 모습이 그리 많이 변하지 않은 글자고, 또 어떤 글자들은 모양만 봐도 뜻을 짐작할 수 있을 정도로 사물의 특징을 잘 표현하고 있지. 마치 지층에서 발견되는 화석이 옛 시절 동물의 모습을 고스란히 간직하고 있듯이, 한자도 과거의 생각과 역사를 담고 있기에 화석이라고 표현한 거야.

화석을 보고 과거에 사라진 생물의 역사를 진화론으로 밝혀냈듯이, 그 옛날 한자가 처음 만들어졌을 당시의 모습을 살펴보면, 역사책엔 담기지 않은 숨어 있는 역사까지 알 수가 있어. 무턱대고 한자의 음과 모양과 뜻을 외우는 것보다 한자에 얽힌 뜻을 돌아보는 게 훨씬 재밌다는 생각이 들지 않아?

우리가 한자를 배우는 이유는 우리말과 글이 한자의 영향을 많이 받았기 때문이야. 중국이 좋든 싫든 그곳에서 문화가 건너왔고 우리말에도 한자가 많이 들어 있으니, 한자를 알면 우리말과 글을 더욱 잘 이해할 수 있지. 다만 지금 중국은 '간체자'라는 편리하게 줄인 글자를 쓰기 때문에 우리가 쓰는 한자하고는 많이 다르단다.

물론 지금은 처음 배우는 것이라 모든 것을 다 이해할 수는 없어. 한문을 조금 배운다고 해도 한문으로 쓰인 책들을 다 읽을 수도 없고, 더 많은 공부를 해야 그런 책들과 역사도 제대로 배울 수 있지. 또 옛날에 쓰던 한자의 연구도 채 100년이 되지 않은 것이라 완전하지는 않고 모르는 것도 많아. 그렇지만 앞으로 흥미가 있는 것을 찾아 읽고 배우면, 이런 공부들이 좋아질 수도 있어. 또 그것을 직업으로 삼지 않더라도 그런 지식은 사람이 살아가는 지혜와 재미를 알게 하는 법이야.

 옛날에 살았던 생물의 화석이 내 손에 하나 있다고 생각해 봐. 얼마나 신기하고 사랑스럽겠어. 아마 밤낮을 쓰다듬으면서 귀하게 여기겠지. 하지만 그렇게 좋아만 하면 어느 날에는 흥미를 잃고 화석에 먼지가 쌓여 갈 거야. 반대로 그 생물이 무엇인지를 찾고 어떻게 살았는지 알아 가다 보면, 점점 더 흥미가 쌓여 옛 생물에 대한 지식이 늘 거야. 한자라는 화석도 그래. 그냥 외우는 것보다 옛사람의 생각을 이해하고 공부하면 점점 더 재미있어지지.

장인용

◈ 찾아보기

ㄱ
家 집 가 77
看 볼 간 111
甘 달 감 117
感 느낄 감 144
江 강 강 52
强 강할 강 101
建 세울 건 94
見 볼 견 110
犬 개 견 35
肩 어깨 견 138
結 맺을 결 73
鷄 닭 계 36
繼 이을 계 74
骨 뼈 골 137
共 함께 공 126
戈 창 과 97
貫 꿸 관 82
邱 언덕 구 92
口 입 구 116
國 나라 국 95
郡 고을 군 92
宮 집 궁 80
弓 활 궁 100
急 급할 급 147
及 미칠 급 126
基 터 기 26

ㄴ
念 생각 념 144
怒 성낼 노 146

ㄷ
壇 단 단 26
旦 아침 단 16
代 대신할 대 99
都 도읍 도 93
豆 콩 두 43

ㄹ
絡 이을 락 74
來 올 래 42
冷 찰 랭 56
流 흐를 류 58
離 떠날 리 39
里 마을 리 91

ㅁ
馬 말 마 36
望 보름 망 22
忘 잊을 망 145
妹 누이 매 71
買 살 매 83
賣 팔 매 83
麥 보리 맥 42
目 눈 목 109
沐 머리감을 목 55
貿 무역할 무 84
聞 들을 문 118
物 물건 물 33
眉 눈썹 미 109
米 쌀 미 43
美 아름다울 미 35

ㅂ
邦 나라 방 95
背 등 배 137
法 법 법 62
寶 보배 보 82
婦 며느리 부 69
父 아비 부 69
夫 지아비 부 69
悲 슬플 비 146
費 쓸 비 83
鼻 코 비 112
氷 얼음 빙 57

ㅅ
砂 모래 사 27
思 생각 사 142
朔 초하루 삭 21
相 서로 상 110
象 코끼리 상 37
舌 혀 설 116
涉 건널 섭 58
星 별 성 23
省 살필 성 111
姓 성씨 성 71
性 성품 성 141
成 이룰 성 94
刷 쓸 쇄 99
手 손 수 125
授 줄 수 127
豕 돼지 시 35
視 볼 시 110
是 옳을 시 18

市 저자 시 93
息 숨쉴 식 113
身 몸 신 136
臣 신하 신 112
室 집 실 78
心 마음 심 141
雙 쌍 쌍 38

ㅇ
我 나 아 98
愛 사랑 애 143
弱 약할 약 101
洋 바다 양 53
羊 양 양 34
憶 생각할 억 145
易 바꿀 역 84
硏 갈 연 27
泳 헤엄칠 영 57
浴 목욕할 욕 56
牛 소 우 33
宇 집 우 77
油 기름 유 63
遊 놀 유 63
月 달 월 21
月 육달 월 21
音 소리 음 117
邑 고을 읍 91
義 옳을 의 98
意 뜻 의 142
耳 귀 이 118
日 해 일 15
賃 품삯 임 84

ㅈ
炙 고기 구울 자(적) 45
子 아들 자 69
姉 윗누이 자 71
場 마당 장 26
貯 쌓을 저 85
戰 싸움 전 97
晶 밝을 정 22
情 정 정 143
絶 끊을 절 73
弟 아우 제 70
早 이를 조 16
鳥 새 조 38
足 발 족 129
宗 마루 종 80
座 앉을 좌 79
州 고을 주 58
晝 낮 주 18
走 달릴 주 129
廚 부엌 주 79
宙 집 주 77
止 멈출 지 129
指 손가락 지 127
津 나루 진 59
進 나아갈 진 130
集 모을 집 39

ㅊ
昌 창성할 창 16
體 몸 체 137
臭 냄새 취 114
沈 가라앉을 침 59

ㅌ
炭 숯 탄 45
貪 탐할 탐 85
湯 끓일 탕 56
宅 집 택 78
通 통할 통 131
退 물러날 퇴 131
投 던질 투 126
特 특별할 특 34

ㅍ
波 물결 파 53
貝 조개 패 82
編 엮을 편 74

ㅎ
河 물 하 51
海 바다 해 51
香 향기 향 114
兄 맏 형 70
刑 형벌 형 99
湖 호수 호 52
昏 어두울 혼 17
弘 넓은 홍 100
禾 벼 화 41
活 살 활 61
灰 재 회 45
訓 가르칠 훈 118
胸 가슴 흉 138

삶을 본뜬 글자 이야기
세상이 보이는 한자

1판 1쇄 2020년 12월 29일

글 | 장인용 · 그림 | 오승민

펴낸이 | 류종필 · 편집 | 장이린, 설예지 · 마케팅 | 이건호, 김유리
책임편집 | 고양이 · 디자인 | Studio Marzan 김성미

펴낸곳 | (주)도서출판 책과함께 · 주소 | 서울시 마포구 동교로 70 소와소빌딩 2층
전화 | 02-335-1982 · 팩스 | 02-335-1316 · 전자우편 | prpub@hanmail.net
블로그 | blog.naver.com/prpub · 등록 | 2003년 4월 3일 제25100-2003-392호

이 책의 저작권은 지은이 장인용과 그린이 오승민, (주)도서출판 책과함께에 있습니다.
이 책의 내용을 이용하려면 저작권자와 출판사에게 모두 서면동의를 받아야 합니다.
잘못된 책은 구입하신 서점에서 바꾸어 드립니다.

이 도서의 국립중앙도서관 출판예정도서목록(CIP)은 서지정보유통지원시스템 홈페이지(http://seoji.nl.go.kr)와
국가자료종합목록 구축시스템(http://kolis-net.nl.go.kr)에서 이용하실 수 있습니다.
(CIP제어번호 : CIP2020053563)

ISBN 979-11-88990-57-3 73900